BRANFÉRÉ
Un paradis en héritage

BRANFÉRÉ

Un paradis en héritage

Photographies de

Ferrante Ferranti

Texte de

Arnaud Gonzague

Philippe Rey

Sommaire

Préface 7

Préambule 11

Un grand rêve d'harmonie 15

Préserver et développer la biodiversité 53

Transmettre la connaissance du vivant 119

Conclusion 141

PRÉFACE

Page 2 : Enseigne dessinée par Hélène Jourde.

Page 4 : Ara militaire.

Page de gauche : Oryx algazelles.

Pages 8-9 : Langurs de Java.

Le Parc de Branféré célèbre cette année ses soixante ans. Et la Fondation de France s'honore depuis plus de trente ans d'en entretenir l'esprit, d'en accompagner le développement, de s'attacher à son rayonnement. C'est pour elle une vocation et une responsabilité évidentes, car Branféré incarne, avec une force et une vitalité incomparables, tant des causes et des missions que la Fondation de France s'emploie à servir.

Donner à voir, en premier lieu, toute la diversité du vivant, dans cet immense jardin où se croisent et semblent se plaire les animaux de toutes origines, en harmonie avec la magnificence botanique du parc. C'est un lieu où l'espèce la plus rare devient presque commune, où se trouve gommée la différence entre l'autochtone et l'exotique.

Susciter la rencontre, ensuite, entre scientifiques, chercheurs, pédagogues, d'une part, paysagistes et architectes d'autre part, dont les échanges ont permis de construire cet ensemble unique. Mais rencontre efficace aussi entre toutes les fondations, sous l'égide ou partenaires de la Fondation de France, qui ont voulu conjuguer leurs efforts pour permettre le développement du parc.

Éduquer, en particulier les enfants, à la beauté, la richesse, la complexité et la fragilité du monde du vivant, et convaincre tout un chacun de l'impérieuse nécessité d'en préserver la diversité.

Transmettre de ce fait, par l'engagement de chacun d'entre nous, de notre génération aux suivantes, un message de responsabilité et de volonté d'action, inspiré par la conviction de l'unité du vivant.

Autant de missions qui pourraient, ailleurs, rester abstraites ou théoriques. Mais Branféré leur confère une dimension sensible, directe, immédiate, parfois surprenante, souvent ludique, comme l'illustrent par exemple le jeu des oiseaux ou la familiarité manifestée par nombre d'animaux.

C'est bien ainsi que l'ont conçu ses créateurs, Paul et Hélène Jourde : en faire un lieu vivant, par son ouverture au public, la liberté que l'on y respire, son ancrage dans sa région, pour être le plaidoyer le plus éloquent en faveur de la responsabilité écologique et de la diversité biologique.

Pierre Sellal
Président de la Fondation de France

PRÉAMBULE

Ici, le regard du visiteur épouse les collines, enjambe les fossés, parcourt les allées, escalade les arbres. Il n'est pas arrêté par des clôtures, allant son allure au gré des animaux qui peuplent librement la vallée, galopent dans la plaine, gambadent dans les archipels ou vont se tapir dans l'ombre d'une frondaison. Le parc de Branféré n'est pas un parc animalier comme les autres : il est une expérience unique en son genre, un lieu imaginé et façonné pour susciter le respect et l'émerveillement. Loin de l'agitation du monde, chacun des visiteurs se sent immédiatement relié à quelque chose d'immense et de supérieur, la nature. Branféré, c'est un élégant voyage vers la beauté, vers l'enchantement et vers la connaissance authentique.

Grands koudous et girafe.

Ici, l'humain est un vivant parmi d'autres. Il contemple les animaux, les approche, les regarde déployer leurs gracieuses silhouettes. Mais il est contemplé lui aussi, oui, par des yeux intelligents de créatures accoutumées à être autonomes, évoluant dans des paysages sereins qui jamais ne les contraignent ni ne les enserrent, en cohabitation pacifique avec des dizaines d'espèces.

Branféré est le fruit du patient travail qui a occupé deux longues et riches existences, celles de ses fondateurs, Paul et Hélène Jourde, un couple qui a placé en cet éden rien de moins que son âme. Inspirés par un voyage chez le maharajah de Kutch, en Inde, où, en 1934, Paul a découvert des animaux circulant librement autour du palais, les Jourde n'ont cessé de vouloir ressusciter en Bretagne l'admiration qu'ils éprouvaient pour la nature et les animaux en liberté. Profondément respectueux du vivant sous toutes ses formes et très attachés aux préceptes bouddhistes qui prônent l'interdépendance de toutes les espèces, ils se sont efforcés de donner corps à leur vision d'une cohabitation harmonieuse entre des êtres d'égale dignité. Leur petit « paradis terrestre » a ressemblé d'abord à une collection privée, composée principalement d'oiseaux, leur passion commune. Mais Branféré est né véritablement en juillet 1965, lorsque le domaine a été ouvert au public. La passion contagieuse des Jourde a fait des miracles.

Hélène, peintre naturaliste de talent trouvant inspiration dans les merveilles de la nature, et son mari Paul, grand voyageur et aventurier, ont agi sans relâche pour partager et transmettre ce rêve écologiste précurseur, cet écrin verdoyant, à l'équilibre et à la beauté sublimés.

À leur mort, en 1988, le couple a légué « leur » Branféré à la Fondation de France, organisme privé reconnu d'utilité publique œuvrant pour l'intérêt général, afin qu'elle poursuive cette mission de conservation et de transmission. La magnificence végétale du parc suscitant un sentiment d'immersion dans un paradis naturel, sa richesse botanique, ses tribus animales, tout comme les efforts de réintroduction d'espèces en danger constituent toujours un ensemble exceptionnel. Il s'agit d'aimer, de connaître, de comprendre et donc, à partir de cette prise de conscience, de souhaiter protéger la faune et la flore.

Pourquoi Branféré est-il si particulier ? Pour mille raisons. D'abord parce que le parc a toujours su garder sa vocation d'origine. Également parce que les mille cinq cents animaux qui y vivent, issus des cinq continents, se sentent chez eux. Et parce que ses quarante-cinq hectares constituent le seul parc animalier de France qui propose un centre d'éducation à l'environnement et de défense de la biodiversité, l'École de la nature. Enfin parce que les œuvres d'Hélène Jourde, peintre reconnue exposée dans les plus grandes galeries du monde, confèrent au domaine un supplément d'âme. Ses toiles, essentiellement animalières, sont empreintes d'une même conception de la nature que le parc : beauté et harmonie. Et si le parc vise bien entendu un certain équilibre financier, la recherche du profit économique n'a jamais été et ne sera jamais un objectif : tous les bénéfices sont réinvestis dans les infrastructures.

Marcher tranquillement dans Branféré, arpenter ses allées au milieu des wallabys, s'arrêter sous le grand platane pleureur pour laisser traverser des maras nonchalants, cheminer aux côtés d'une grue antigone déroulant avec lenteur ses longues pattes, sans trouble, c'est faire une expérience unique du vivant. À chaque instant, quelque cri, quelque animal attire le regard, retient la présence, fait se suspendre le souffle. La roue soudaine d'un paon aux nuances chatoyantes, le craquètement de cigognes sauvages à la cime des arbres, le chant profond du gibbon qui remue le cœur… Tout ici n'est que respiration.

Il était une fois la fabuleuse histoire de Branféré, un rêve devenu réalité, un joyau offert en héritage, où perdure le génie pionnier de ses créateurs.

Pélican à dos rose.

Pages 14-15 : Maras et wallabys en liberté derrière le château.

Un grand rêve d'harmonie

Maras, en toute liberté à Branféré depuis les années 1950.

Pages 18-19 : Grand platane pleureur qui veille sur Branféré depuis, dit-on, la fin du XVIIIe siècle, rapporté d'Amérique par un Freslon de La Freslonnière, compagnon de La Fayette au cours de la guerre d'indépendance américaine.

Lorsque, à la mort de son père, en 1932, Paul Jourde reçoit le domaine de Branféré, il hérite aussi d'une véritable fortune. Cela tombe bien : le jeune homme a vingt-cinq ans, la tête vibrionnante de projets, et cet héritage va lui permettre, enfin, de s'adonner à son rêve, voyager. Abandonnant le fastidieux règlement de la succession aux bons soins maternels, délaissant le château breton de ses vacances d'enfant, il décide de partir pour l'Inde, où il est accueilli par le maharajah de Kutch, ami de sa mère. Paul l'ignore encore, mais ce voyage décidera d'une grande partie de sa vie.

Les voyages ! Combien de rêves d'évasion ont bercé l'enfance de Paul, émerveillé par le récit des péripéties de son grand-père, Casimir Jourde, qu'il n'a jamais connu et qui a fait fortune dans des contrées lointaines. Qu'elle soit vraie ou fausse, une légende entretient dans l'esprit du garçon un parfum d'aventure : de retour à Paris, en 1884, Casimir Jourde, écumant les cercles de jeu, aurait remporté Branféré… au poker ! Le titre de propriété aurait été imprudemment misé par Charles-Marie de Barbeyrac, marquis de Saint-Maurice, qui possédait ce joyau depuis une petite trentaine d'années. Casimir et sa femme, Zoé, recherchaient alors une maison à la campagne pour s'éloigner régulièrement de l'agitation parisienne.

Le domaine du Morbihan qui échoit au couple compte des centaines d'hectares de terre et une douzaine de fermes. Au centre de ces terres ferrugineuses – Branféré signifie le « plateau de fer », en un mélange de latin et de celtique –, se dresse un splendide château dont les origines sont anciennes, puisque la première trace écrite remonte au mitan du XVe siècle, en 1427. Vandalisé lors de la Révolution française, il a été pour l'essentiel reconstruit en 1848. Depuis le XVIIIe siècle, grâce aux Freslon de La Freslonnière qui en étaient propriétaires, le domaine comprend en outre des arbres magnifiques. L'histoire raconte qu'un Freslon de La Freslonnière, compagnon d'armes de La Fayette pendant la guerre d'indépendance américaine, en aurait rapporté certains spécimens, dont l'exceptionnel platane pleureur qui trône devant l'ancienne maison du chapelain.

À la fin du XIXe siècle commence ainsi le règne des Jourde sur Branféré – une aventure qui durera plus d'un siècle. Le grand-père Casimir raffole de la nature. Au cœur de l'Armorique,

Casimir Jourde et sa famille
devant Branféré,
au tournant du XXe siècle.

il entretient minutieusement le parc et ses arbres, fait régulièrement faucher la pelouse devant le château où s'ébattent ses deux fils, Gaston et Raoul. Il s'implique dans la vie agricole de la commune, soutient les paysans quand l'occasion se présente et agrandit son domaine en acquérant quelques fermes supplémentaires. Ses relations avec le voisinage sont bonnes, il paie de sa poche les réparations de la tribune de l'église et fait édifier un escalier en colimaçon pour y accéder, ce qui lui vaudra une place réservée le dimanche pour la jouissance exclusive de sa famille, ses domestiques et ses amis durant dix-huit années. Son épouse Zoé, qu'on dit d'humeur acariâtre avec ses cuisinières et femmes de chambre, semble avoir été moins appréciée alentour.

Fasciné par les lieux, leur fils Gaston – le futur père de Paul – arpente les allées bordées d'arbres, admire les plantations, s'enthousiasme pour les essences rares plantées par les Freslon de La Freslonnière et se préoccupe du choix des chevaux destinés à repeupler les écuries laissées désertes... Tout comme son père, il se passionne vite pour les activités agricoles. D'année en année, Branféré se mue ainsi en une maison de famille accueillante et souvent emplie de clameurs. À la suite de leurs parents, les enfants du clan y passent leurs vacances, parcourant les allées dans la petite charrette tirée par des chèvres que Casimir a fait fabriquer à leur intention.

En 1906, Gaston épouse Nelly Rollet, une fille de général, choisie pour sa droiture et l'excellence de son éducation. Le mariage est célébré en grande pompe à la chapelle des Invalides, au son du cliquetis des sabres, et, dès le lendemain des noces, Gaston lui propose une escapade à Branféré, dont il a hérité trois ans auparavant.

Tout à sa nouvelle vie, Nelly doit quitter sa famille, notamment son père dont elle est proche. La jeune femme possède une véritable force de caractère qu'adore le général. Sa culture est large, car, insatiable, elle a dévoré la bibliothèque paternelle. Passionnée de philosophie, elle s'est notamment engouée de pensée orientale et compte parmi les premiers membres de l'association Les Amis du bouddhisme. Fondamentalement, Nelly possède une âme romantique, et nulle éducation, même la plus stricte, ne saurait étouffer en elle son amour immodéré pour la nature et ses beautés.

Quand leur attelage franchit la double grille de fer forgé et s'engage entre les hêtres splendides, elle est saisie : cette voûte verte de feuillages perchée entre ciel et terre, cette beauté édénique, l'équilibre des perspectives font aussitôt vibrer sa sensibilité. Et lorsqu'elle emprunte l'allée majestueuse conduisant au château flanqué de deux tours pointues et découvre sa nouvelle demeure, elle est définitivement conquise. Devant ses fenêtres, le platane pleureur vieux de près de deux siècles, dont les branches caressent la terre, l'émerveille. Branféré répond à sa vision d'inspiration orientale où les êtres vivent dans le respect mutuel et l'harmonie.

Fier de son épouse, Gaston présente Nelly à toutes ses relations, notables ou fermiers. Nelly fait l'unanimité, grâce à sa gentillesse, son intelligence, son élégance et sa beauté. Bientôt, elle sera surnommée « la grande dame de Branféré ». Un enfant naît le 14 octobre 1907, à Paris. Elle lui donne le prénom de son père chéri, Paul, dont la mort, quelques mois plus tôt, l'a beaucoup affectée. Gaston est aux anges. Enfin une descendance ! L'homme passe désormais le plus clair de son temps à Branféré, absorbé par ses activités politiques et son engagement républicain, il faut le dire, mal perçu dans une région encore très catholique et conservatrice. Il vient de se présenter aux élections municipales du Guerno, qu'à son désespoir il n'a pas remportées.

Nelly, elle, tient salon à Paris où son intelligence fine et sa culture attirent les personnalités artistiques de l'époque : le poète Jean Richepin, Aurore Sand, fille de George Sand, le sculpteur Paul Landowski, Romain Rolland... À la belle saison, beaucoup se rendent à Branféré pour poursuivre avec elle leurs discussions passionnées. L'écrivaine Colette est l'une de ses loyales amies. Nelly ne lui rend jamais visite sans lui apporter des fleurs ou des fruits. L'écrivaine, qui partage avec elle une passion farouche pour les animaux, lui adresse un jour un mot charmant, parvenu jusqu'à nous :

« Chère Nelly, je vous en veux énormément... de ne vous avoir pas vue. Même sans les fleurs, même sans la carte, je vous aurais reconnue à ce trait descriptif, donné par mon valet de chambre : "C'est une dame très jolie et très gentille, qui a embrassé son cheval sur le nez." Voilà votre fidèle portrait, hein ?

Votre Colette »

UN ADOLESCENT DE 1914

Le petit Paul grandit gaiement, adulé par sa mère qui ne lui trouve, dès le berceau, que des qualités. Gaston parvient rarement à s'imposer entre son épouse et son fils. Toute sa vie, Nelly se montrera clémente avec ce garçon chéri, qui restera unique. L'été, à Branféré, il retrouve avec bonheur ses cousins, les enfants de son oncle Raoul. En août 1914, Paul a sept ans et, brusquement, son Branféré n'est plus un lieu de vacances. Sur une idée de Gaston, aussitôt approuvée par Nelly, le château est aménagé en centre de convalescence pour soldats blessés. Le couple Jourde assume, outre l'hébergement, tous les frais de soins de ces hommes en voie de rétablissement. La presse s'en fait l'écho, félicitant l'initiative et incitant d'autres propriétaires fortunés à faire de même. « Des milliers de convalescents évacueraient ainsi les hôpitaux, laissant la place à d'autres plus sérieusement atteints », lit-on dans *Le Populaire de Nantes* en septembre 1914. Branféré remplit ce rôle jusqu'en 1916, et Nelly, avec l'humanité et la bienveillance qui la caractérisent, celui d'infirmière.

La guerre terminée, Paul doit reprendre une scolarité normale. Éprouvée par les deuils successifs de son frère et de sa mère, Nelly s'installe dans son hôtel particulier de Neuilly-sur-Seine. Gaston s'y rend rarement, car il ne se sent bien qu'à Branféré. C'est dans l'hôtel de Neuilly sans doute que le jeune Paul, paradoxalement, découvre l'exotisme : une serre y abrite des plantes tropicales et des perroquets. De quoi laisser rêveur un enfant de onze ans. Il passe les hivers dans la capitale, se passionnant pour le sport bien plus que pour sa scolarité, et s'initiant au bouddhisme auprès de sa mère.

Sans forcément en prendre conscience, elle transmet à son fils le goût de l'ailleurs, de l'Inde notamment, et celui de l'aventure qui ordonnera son existence. Elle lui insuffle également, par l'admiration totale qu'elle lui porte, cette conviction intime que rien ne peut lui être refusé. Au fond de lui, en petit seigneur, Paul se sent libre de tout et de tous, et apte à exaucer ses rêves. Quand vient l'été, un véritable paradis s'offre à lui. Nelly convie à Branféré les cousins et les amis de lycée. Pour que cette belle jeunesse ne s'ennuie pas, elle fait creuser autour de la fontaine un bassin qui sert de piscine, et fait aménager un court de tennis. Tennisman accompli, Paul y organise des tournois effrénés. Pour tous, ces vacances sont merveilleuses.

Arrivé au baccalauréat, Paul est sommé de se mettre au travail… mais il ne s'intéresse qu'à une matière : les langues étrangères. Cette fois, Gaston tient bon et Nelly se résigne. À dix-huit ans, Paul est envoyé en pension à Clères, en Normandie. C'est là que le jeune homme fait la connaissance du professeur Jean Delacour. Dans sa propriété, l'ornithologue de renom a créé le premier parc zoologique privé en 1920. Celui-ci compte des centaines d'espèces différentes et un grand nombre de spécimens, rapportés d'Indochine pour la plupart, que le professeur

Paul Jourde (au premier plan, avec son chien) et son cousin, à Branféré en 1919.

étudie. Tous vivent ensemble, en semi-liberté et en harmonie, dans des conditions proches de la vie sauvage. Le jeune Jourde découvre cette nature captive et en même temps rendue à elle-même. Sa rencontre avec Delacour inaugure l'amitié de toute une vie, qui repose sur une vision commune et la volonté, traduite plus tard en actes, de protéger les espèces en danger.

Mais Paul est encore jeune et ses parents le pressent de se construire un avenir. Toujours en quête d'aventures, il n'envisage pas de faire une carrière, ou alors, s'il en faut vraiment une... « Homme de lettres », finit-il par répondre à sa mère qui le supplie de choisir une voie. La littérature est en effet, avec le sport, l'un de ses principaux centres d'intérêt. Il sera donc écrivain voyageur. Nelly l'aidera financièrement pour les séjours à l'étranger qu'impose sa nouvelle « carrière ».

En février 1932, Gaston s'éteint. Nelly se trouve auprès de lui, Paul est en Autriche aux sports d'hiver. Le désarroi de la veuve est plus vertigineux qu'elle ne l'imaginait. Elle se sent terriblement seule sans son mari, sans doute moins sensible et intellectuel qu'elle, mais qui l'aimait profondément et lui avait apporté une sécurité affective et matérielle. Son fils ne lui sera pas d'un grand soutien, car il n'a jamais abandonné ses rêves d'escapades lointaines, désormais réalisables grâce à son héritage. Il commence par l'Orient, dont Nelly a bercé son enfance et sa jeunesse. Le jeune homme entend plonger au cœur de l'Inde profonde et mystérieuse, et il accepte l'invitation du maharajah de Kutch, rencontré à Paris en 1933 grâce aux relations établies par sa mère avec le monde indien.

Une fois parvenu à destination, en 1934, Paul est accueilli de façon princière. Le maharajah de Kutch règne sur un territoire immense, et il fait découvrir à son hôte des sites merveilleux, le plus souvent inaccessibles aux touristes. Pendant plus d'un mois, ils voyagent, escortés par une suite de onze serviteurs, et Paul tirera de ces excursions son unique livre publié, *L'Inde des maharajahs*, édité dix ans plus tard chez Hachette. Il a également écrit un ouvrage sur la vie de Bouddha, mais celui-ci n'a jamais été publié. Paul se trouve alors dans un lieu prisé des

De gauche à droite :
Nelly Rollet, épouse de Gaston Jourde et mère de Paul Jourde.
Elena Castori, future Hélène Jourde, par Tade Styka.
Maharajah de Kutch, œuvre anonyme.

ornithologues, le Rann de Kutch. Au milieu de ce « pays des mirages », comme il le surnomme, il observe avec fascination le comportement des flamants. « Sur des milles et des milles, à quelques pas les unes des autres, d'étranges constructions de boue séchée s'élèvent par millions, toutes à peu près de même hauteur : deux pieds et demi à trois pieds environ. Ce sont les nids des flamants, qui viennent chaque année de tous les coins du monde se réunir dans le Rann. Ils bâtissent tranquillement de solides édifices où naîtront et vivront pendant leurs premières semaines les jeunes oiseaux balourds, à l'abri des bêtes et surtout des hommes. » La vie sauvage le passionne. Et, contrairement au maharajah de Kutch, qui s'adonne à la chasse, Paul se garde bien de tuer la moindre bête.

Voici le portrait du jeune homme que le maharajah Singh de Kapurthala, rencontré lors du voyage, dresse de lui : « Il donne d'emblée l'impression d'un sportsman – c'est un joueur de tennis et un skieur de grande classe –, mais aussi d'un homme du monde cultivé, d'un gentleman plaisamment à son aise en tous lieux. Il est, en vérité, doué de ce don exceptionnel que si peu de gens ont la chance de posséder : d'être absolument chez lui aussi bien dans son milieu occidental que dans une ambiance orientale. »

L'amour des animaux de Paul grandit à mesure de ses découvertes de la faune du pays, mais ce qui l'enchante le plus, c'est la réserve créée par le prince indien autour de son palais, où les animaux vivent pacifiquement aux côtés des hommes. Le Français ne se lasse pas d'admirer depuis sa fenêtre ces bêtes sauvages qui s'ébattent sereinement sous ses yeux. Ce spectacle est à l'origine du projet qui deviendra celui de toute une vie : « Je me sens des envies de transformer mon jardin en "zoo" et d'y ramener en masse perroquets, flamants, antilopes », écrit-il. En souvenir de l'Inde, les flamants feront partie des premiers animaux introduits à Branféré. C'est le début d'une formidable histoire d'amour avec la faune sauvage.

De retour en Bretagne à la fin de l'année 1934, Paul décide, comme toujours, de mettre ses désirs à exécution, et réalise de nouveaux aménagements à Branféré : il fait planter des arbres et des végétaux supplémentaires, prend l'avis d'un paysagiste avant de creuser des bassins d'eau, fait édifier une immense volière… Paul a déjà à cœur, intuitivement, de respecter

De gauche à droite :
Paul Jourde avec un toucan à bec rouge, dans les années 1930.
Paul et Hélène Jourde, en 1936.

la nature et, par là même, sa biodiversité, terme qui n'existe pas à cette époque. Mais Paul annonce à sa mère son mariage prochain avec une certaine Elena Castori, peintre italienne née en 1896, issue d'une famille d'aristocrates de Padoue et rencontrée lors d'un voyage. Fille d'un professeur d'université célèbre, elle aurait été danseuse de ballet dans les années 1910.

Nelly se renseigne. La réputation de la promise est sulfureuse, selon les critères de ce temps : elle est une « aventurière ». Elena, qui a onze ans de plus que Paul, a par deux fois divorcé, d'abord d'un aristocrate italien, le comte Thaon de Revel, puis d'un richissime Cubain, Hannibal de Mesa. Elle a mené grand train au cours de ses étapes de vie, poursuivant résolument sa carrière artistique parallèlement à une vie mondaine cosmopolite et libre. Affolée, et persuadée qu'Elena constitue, avec son frère Giulio, « un couple d'aventuriers sans ressources », Nelly supplie Paul : « Retrouve-toi ! écrit-elle à son fils. L'amour a un bandeau sur les yeux. On ne se marie pas avec des gens qui ont une semblable réputation. »

Paul n'écoute que son cœur et, malgré l'absence de sa mère qui ne se déplace pas, il épouse Elena en février 1935. Elle francise son prénom et se fait bientôt appeler Hélène Castori-Jourde. Mis à mal par cet épisode, les liens entre Paul et sa mère ne feront que se distendre au fil des ans. Nelly et sa belle-fille ne se rencontrent qu'une fois, après le mariage, mais leurs relations demeureront hostiles. Aucun petit-enfant ne naîtra de ce couple, les nouveaux époux déclarant ne pas vouloir de descendance. Nelly ne se rend qu'une seule fois à Branféré, pour constater qu'Hélène en a chamboulé la décoration. Cette vue la bouleverse à tel point qu'elle ne remettra plus jamais les pieds au château. La « grande dame de Branféré » ne sera plus qu'un souvenir.

C'est que, au château, l'Italienne a presque aussitôt mis sa patte : lustres en cristal de Venise, lanternes et colonnes vénitiennes, meubles italiens, tableaux de sa famille… La native de Padoue pare la décoration des diaprures de son pays d'origine. Dans la bibliothèque, aux côtés des livres dédicacés à différents membres de la famille Jourde ou à Nelly par Victor Hugo, Colette, Émile Zola, elle glisse ses propres ouvrages, en italien, dédiés à la nature et aux animaux, sans oublier le livre naturaliste qu'elle a illustré de huit cents dessins d'insectes.

Car Hélène est une artiste. Elle crée une véritable mise en scène, repeint certains meubles, y représente des animaux, et installe dans les différentes pièces une décoration d'inspiration animalière qui ne fera que se développer au fil du temps. À l'extérieur, elle laisse la vigne vierge recouvrir les murs du château.

Hélène paraît toute petite devant l'athlétique Paul, haut d'un mètre quatre-vingt-dix… Autant ils sont différents sur le plan physique, autant chacun trouve en l'autre son âme sœur. Le couple partage en effet le goût précoce pour le voyage. Dès l'enfance, l'Italienne a sillonné le globe, notamment les Amériques. Son premier mari, italien, lui a offert un titre de comtesse et son deuxième, cubain, une fortune. Comme Paul, elle aime l'art et rejette les conventions : divorcer à une époque où ce n'est pas la règle est déjà un signe d'audace pour une femme, mais par deux fois… ! Si Hélène est moins versée dans le bouddhisme que son mari, elle est respectueuse comme lui de tous les êtres vivants, particulièrement des animaux, avec lesquels elle a toujours eu un lien privilégié. La nature exotique devient rapidement sa principale source d'inspiration picturale. Paul n'aimera pas seulement sa femme, cette beauté aux longs cheveux : il admirera aussi, très sincèrement, ses œuvres. Il tient à ce que les tableaux d'Hélène soient exposés partout dans le château, ornant les couloirs, l'escalier, les chambres, la salle à manger.

Vestibule du château de Branféré et œuvres d'Hélène Jourde.

Délaissant peu à peu les portraits d'aristocrates et de diplomates qui ont fait son premier renom, la peintre trouve son style en observant la faune et la flore exotiques lors de ses nombreux voyages, puis auprès des animaux acclimatés à Branféré. Ses toiles, toujours finement documentées, traduisent son intérêt certain pour les détails et la justesse des représentations. Mais Hélène apporte une touche personnelle, et cette originalité fera sa notoriété d'artiste. Sa peinture, qualifiée de « naturaliste », est à la fois hyperréaliste – un botaniste y reconnaîtrait chaque plante et un zoologiste chaque animal – et surnaturelle. Fantaisie et lyrisme cohabitent sur ses toiles exubérantes, illuminées de couleurs, vibrantes de vie, où les animaux ressemblent à des personnages de fables ou de légendes. Parfois comparée à Frida Kahlo ou au Douanier Rousseau, Hélène se voit surnommée « peintre du paradis ». Et ce paradis est la vision poétique et idyllique d'un paradis terrestre – son Branféré.

En haut : Autoportrait, par Hélène Jourde (collection Fondation Paul et Hélène Jourde).

En bas : Forêt du Chaco (fourmilier, loup à crinière et jacana noir), par Hélène Jourde (collection Fondation Paul et Hélène Jourde).

En haut : Château et parc de Branféré, par Hélène Jourde (collection Fondation Paul et Hélène Jourde).

En bas : Ibis sacrés dans la forêt profonde, par Hélène Jourde (collection Fondation Paul et Hélène Jourde).

Page de droite, en haut : Rêve aquatique, par Hélène Jourde (collection Fondation Paul et Hélène Jourde).

En bas : Éden vert (touraco vert, grue couronnée et zèbres), par Hélène Jourde (collection Fondation Paul et Hélène Jourde).

Château de Branféré dans les années 1930, avec cerfs sika et daims en liberté.

PREMIÈRE INSTALLATION À BRANFÉRÉ

Perpétuant la tradition familiale, Paul et Hélène s'établissent, à partir de 1935, à Branféré dès que pointe la belle saison. Le court de tennis et la piscine sont réaménagés. Le reste du temps, ils assouvissent leur passion voyageuse, laissant le soin du domaine et de ses animaux aux employés et à Giulio, le frère d'Hélène, dont elle restera sa vie durant très proche, qui vit au château. Toute leur existence se déroulera ainsi, entre excursions à l'étranger et installation du paradis terrestre en leur domaine breton. Ils commencent par quelques wallabys, des petits kangourous australiens laissés libres autour du château, et par des oiseaux qui passionnent Hélène et Paul, dont les perroquets issus de la serre de Neuilly. Des cerfs aux allures gracieuses embellissent aussi les environs de la demeure. Cette mixité entre plusieurs espèces au sein d'un même lieu, en semi-liberté qui plus est pour les maras (cousins sud-américains du cobaye), les marabouts, les wallabys, est excentrique et inédite à l'époque. En cela, les époux Jourde font figure de précurseurs.

Certes, ils ne choisissent que des animaux qu'ils jugent beaux. Mais ils procèdent avec le plus grand sérieux. Dans tous les pays où ils se rendent – et en particulier en Argentine, où Casimir Jourde avait fait fortune et conservé un domaine, et où Paul avait beaucoup de contacts –, le jeune homme visite les parcs zoologiques, prend contact avec des zoologues, noircit son carnet d'adresses de relations appartenant au monde animalier. Il ne fait rien à la légère, se préoccupe toujours de la provenance des animaux et des conditions dans lesquelles ils seront acheminés jusqu'en France, même si, à l'époque, on considère la nature comme une sorte de réservoir inépuisable dont il est possible de disposer à sa guise, et où les animaux sauvages font l'objet d'un commerce pas toujours respectueux.

Lorsque la Seconde Guerre mondiale éclate, Paul ne se sent pas l'âme d'un combattant, et le souvenir des soldats blessés dans les allées de Branféré quand il était enfant

Hélène Jourde en Inde, au volant d'un roadster Delahaye 135, carrossé par Joseph Figoni, ami de Paul Jourde.

augmente son aversion pour le conflit. Son idéal bouddhiste le porte à la non-violence. Hélène et lui partagent une même vision : pour eux, la nature n'est que bonheur et harmonie. La lutte, la souffrance ne devraient pas y avoir cours. La mère de Paul fait des pieds et des mains pour soustraire son fils à la guerre. Elle lui obtient un poste d'interprète à Rennes, mais Paul se préoccupe davantage du sort de ses bêtes et profite d'une permission pour exfiltrer des animaux du Muséum national d'histoire naturelle et les placer en sécurité à Branféré. Le 3 juin 1940, le couple embarque sur un bateau commercial pour l'étranger. Paul Jourde, qui a toujours été passionné d'automobile, profite du voyage pour convoyer un spectaculaire roadster Delahaye 135, carrossé par Figoni, qu'il destine à un maharajah. Il a déjà vendu plusieurs voitures de ce type à des princes indiens.

Paul et Hélène s'arrêtent au Congo belge, où Paul se présente aux Forces françaises libres pour être mobilisé. Il reçoit l'ordre de rejoindre l'Inde. De 1940 à 1942, le couple passera par Calcutta, Singapour, Kaboul, Bombay, puis Los Angeles et l'Amérique latine – Rio de Janeiro d'abord, avant de poser ses valises à Buenos Aires, où Paul renoue avec ses racines familiales. Buenos Aires est alors une capitale culturelle d'importance, où affluent les exilés européens. En « homme de lettres », Paul se rapproche du milieu littéraire français. Il entame la rédaction de son livre *L'Inde des maharajah*, publie des articles sur ses expéditions et sur la faune sauvage menacée dans le monde. Orateur apprécié, il donne des conférences à l'Institut français, où il ne manque pas de vanter Branféré, son paradis breton. Durant toutes ces années, le couple sillonne l'Amérique du Sud, et Hélène accumule les croquis sur la faune et la flore locales. Nuances des couleurs, des plumes, forme du bec, silhouette de l'animal, dentelures des feuilles… Ses dessins sont d'une précision extrême, assortis de notes sur le pays et la saison concernée.

Hélène se montre particulièrement sensible aux grands oiseaux – ils seront nombreux à Branféré et resteront l'objet de ses soins les plus attentifs. Bientôt, le milieu artistique remarque son originalité. Elle expose dans plusieurs galeries en Argentine, au Chili. Pendant

À gauche : Flamants rouges de Cuba.

À droite : Grues du Japon.

ce temps, son frère Giulio et sa femme Annie veillent sur le domaine qui n'a pas été occupé par les Allemands, mais où les animaux exfiltrés du Muséum n'ont pas survécu au manque de nourriture – comme l'apprend Paul avec tristesse.

En 1948, Nelly, affaiblie par une sévère angine de poitrine, s'éteint subitement, sans avoir revu son fils, toujours en Argentine. C'est l'année du retour en France. Hélène et Paul prennent réellement possession de Branféré, et le domaine breton devient leur adresse française principale. Ils n'entendent nullement se sédentariser, mais vont tout reprendre à zéro pour réaliser leur rêve : créer un lieu paradisiaque, tel qu'il existe déjà dans les tableaux d'Hélène. Ils imaginent un refuge pour les espèces découvertes lors de leurs expéditions, dont certaines sont menacées par le braconnage et la chasse.

Commence alors pour Paul une période enthousiasmante, consacrée à la création de son éden. Dans tous les zoos visités, l'homme sait ce dont il ne veut pas : il ne goûte pas les cages, pas davantage les enclos trop étroits. Il ne souhaite pas non plus de ces grandes réserves où l'on ne peut pas observer les animaux, trop éloignés des humains et peu habitués à eux, à l'instar du zoo argentin de Mendoza. Paul entend offrir un lieu de liberté où les différentes espèces vivraient en harmonie et en tranquillité avec les visiteurs. Où, écrit-il, « une illusion de liberté est créée en dissimulant les barrières entre les enclos, que ce soit par le traditionnel saut-de-loup ou par le fossé en forme de V », tel que dans la réserve indienne de Kutch qui n'est jamais sortie de sa mémoire. Comme toujours, Paul accorde le plus grand sérieux à l'entreprise, se pose les bonnes questions, prend langue avec des spécialistes, fort déjà de ses expériences internationales.

Peupler le domaine de divers animaux, oui, mais il faut bien les choisir. Aménager le terrain, oui, mais pas n'importe comment, car il convient de le faire en fonction des espèces accueillies. La géographie du paysage de Branféré est favorable, et Paul va tirer parti de sa

À gauche : Cerf de Duvaucel.

À droite : Maki catta.

variété en l'accentuant selon les besoins. La spacieuse pelouse autour du château accueille bientôt une nouvelle espèce : les cerfs axis, qui ont l'avantage de ne pas être destructeurs. En effet, comme le souligne Paul, « avoir trop d'animaux dans un parc permet très difficilement d'avoir des plantes ». D'ailleurs, autour du château, les arbres n'ont pas de feuilles en dessous d'un mètre, grignotées qu'elles sont par les herbivores. Mais Paul est satisfait : le terrain est bon. « Notre terre contient une grande diversité d'essences, ce qui procure une grande variété de nourriture naturelle aux animaux. »

Tous vaquent en liberté au milieu des arbres, comme le séquoia, le liquidambar aux couleurs pourpres en automne, le cyprès chauve au bois imputrescible, le pin laricio venu de Corse… Certains sont plus que centenaires, tel le platane pleureur. Des bosquets, des taillis, des buissons, des roseaux procurent autant d'abris pour les bêtes, qui doivent avoir la possibilité de se soustraire au regard, de se retirer quand elles le souhaitent. Les endroits secs alternent avec les zones humides, les lieux ensoleillés avec les recoins ombragés. Le climat morbihannais n'est pas mauvais pour elles, bien au contraire : contre toute attente, il est suffisamment tempéré pour permettre l'introduction de plusieurs espèces exotiques. Et pour celles plus sensibles aux variations de température, Paul fait installer des lampes chauffantes dans des abris, dont la silhouette a été conçue par Hélène, pour s'immerger au mieux dans la beauté du parc.

Progressivement, les Jourde se constituent une tribu animale. De l'avant-guerre, il restait des wallabys, et ceux-ci se multiplient à vive allure. Ils vont leur adjoindre quelques animaux en voie d'extinction ou menacés : des cerfs axis, des marabouts, des maras, des paons, des lémuriens, des cigognes, des flamants, des grues… Ils s'émerveillent de découvrir les premiers nids des cigognes blanches. Le parc de Clères en Normandie, créé en 1920 et situé à quatre cents kilomètres au nord de Branféré, est un véritable modèle pour Paul.

Hélène Jourde avec un faon sika, au milieu des années 1960.

PIONNIERS DE L'ÉCOLOGIE

Le souci de la préservation de la nature commence à prendre de l'importance. Déjà, Jean Delacour, conscient de la fragilité des espèces, a participé à la création d'une association pour la préservation des oiseaux. Il sera le futur président de la Ligue pour la protection des oiseaux. Paul ne peut y être indifférent : il a remarqué que certaines espèces étaient menacées. Dans l'immédiat après-guerre, le monde scientifique a acté que la nature n'a rien d'une corne d'abondance, ni d'un réservoir où l'on pourrait piocher sans mesure, mais que ses ressources sont, au contraire, épuisables et qu'il est nécessaire de les protéger. Paul, qui en est conscient, participe à des programmes de réintroduction d'espèces en voie d'extinction, comme les bernaches néné, des oies d'Hawaï. Que des spécimens aussi rares lui aient été confiés prouve déjà la réputation internationale de Branféré. « L'homme, consciemment ou non, élimine de plus en plus les animaux sauvages, écrit Paul Jourde. Il envahit tous les domaines et détruit les habitats indispensables aux bêtes dont nous avons le devoir de ne pas gâcher la vie déjà si menacée. »

À la fin des années 1940, le souci de préserver la nature et de protéger la Terre et ses ressources a donné lieu, à la suite de deux conférences internationales, à la naissance de l'Union internationale pour la conservation de la nature (UICN). Au fil des décennies, cette union posera les bases précises d'actions nationales et internationales en faveur de la préservation, et devient une autorité mondiale dans son domaine, publiant une liste rouge, remise à jour chaque année, des espèces animales et végétales les plus fragiles et nécessitant une surveillance adaptée, parmi le million d'espèces qu'elle recense.

Inspirés par leur passion pour le monde vivant, Paul et Hélène se montrent toujours attentifs quand ils négocient avec les marchands de bêtes sauvages, exigeant d'eux le respect des animaux acheminés vers Branféré. Ils ont conscience que les prélèvements dans la nature

Hélène Jourde dans son atelier, dans les années 1970, travaillant sur le tableau du *Chaco* (voir p. 27).

appauvrissent la diversité et se font parfois dans des conditions indignes. Dans la mesure du possible, ils s'efforcent de participer à des échanges avec d'autres parcs zoologiques d'animaux nés en captivité, afin d'éviter de prélever dans les milieux naturels. Par ailleurs, ils se fournissent auprès de passionnés et se déplacent, dès qu'ils le peuvent, pour venir choisir sur place les animaux. À Nantes, chez le fameux marchand Liopé, dont l'animalerie est connue dans la région et qui a créé un parc d'oiseaux exotiques parmi les plus majestueux d'Europe. En Normandie, chez leur ami Delacour, où ils viennent admirer et échanger quelques spécimens. Naturellement, pour les espèces les plus rares, tout se passe à l'étranger. Paul rédige lettre sur lettre, entretenant une correspondance abondante et soutenue avec des destinataires du monde animalier dans plus de cinquante pays.

Il veille à ce que la capture des animaux s'effectue dans les meilleures conditions, sous la surveillance de spécialistes. Il nouera notamment une relation épistolaire avec l'éthologue autrichien Konrad Lorenz – qui viendra plus tard régulièrement à Branféré – pour savoir comment acclimater au mieux certains de ses pensionnaires, tels les tapirs. Paul prépare avec soin le voyage de ses protégés et se soucie tant des conditions de transport que du moment choisi pour les transporter.

En cette décennie 1950 où se structurent les impressionnantes colonies d'animaux à Branféré, chaque matin, Hélène est la première levée. Olivier Broca, qui a été stagiaire à Branféré à l'été 1970, a laissé des écrits sur la peintre : « sa figure ouverte, ses cheveux tressés à l'ancienne, une sorte de natte qui entoure sa tête, une jupe grise, ample, et un gilet coloré, comme on en porte dans les pays de l'Est ». On l'imagine parfaitement, le carnet à la main, effectuant un tour du parc, prendre note de tout : les rhododendrons dont il faut enlever, une par une, les fleurs fanées pour qu'ils retrouvent leur beauté, les nouveaux œufs d'émeu à ramasser… Elle consigne aussi scrupuleusement les tâches que les employés auront à accomplir

De haut en bas
(collection Fondation
Paul et Hélène Jourde) :
Araçari.
Toucans toco.
Cacatoès de Leadbeater.

Page de droite : Bouddha sous l'arbre de l'éveil, au milieu des animaux,
par Hélène Jourde
(élément du paravent
sur la vie de Bouddha,
collection Fondation
Paul et Hélène Jourde).

dans la journée et les signalera à Paul lorsqu'ils referont leur tour ensemble, plus tard dans la matinée. Le déplacement d'un animal, un regard qui la bouleverse... Hélène croque tout ce que la nature lui inspire et qui trouvera place dans un tableau, celui sur lequel elle travaille ou un autre, à naître plus tard. Tout à l'heure, elle va regagner son atelier, installé au premier étage, où personne à part Paul ne la dérangera. Elle se saisira de ses pinceaux, préparera un fond, et les animaux fantastiques s'inviteront. Branféré peuple ses toiles, son Branféré à elle, composition personnelle d'une nature recomposée, œuvre d'art à lui seul. Un tableau onirique qui aurait pris vie, le rêve d'un paradis sur terre devenu réalité.

À gauche : Rajah au guépard, par Hélène Jourde (affiche de l'exposition à la galerie Gussoni, Milan, janvier 1956).

À droite : Hélène Jourde en compagnie du vénérable Bhikkhu U Thittila devant le paravent sur la vie de Bouddha (lors de l'exposition à l'Imperial Institute de Londres, juin 1952).

Mais tout n'est pas idyllique à Branféré. D'une part, parce qu'il est quelquefois difficile d'acclimater les espèces, de leur assurer une tranquillité de vie et de permettre leur sauvegarde. D'autre part, parce qu'il faut assurer leur reproduction. À l'époque, l'éthologie (sciences du comportement des espèces animales) est toute récente, on connaît mal le mode de vie des différentes espèces, encore moins comment répondre à leurs besoins en matière d'abri, de nourriture, de conditions de reproduction. Paul entretiendra de multiples échanges avec des spécialistes et avec des amateurs comme lui, chacun profitant de l'expérience de l'autre, heureuse ou malheureuse. Heureuse, lorsque Paul et Hélène installent des incubateurs pour mettre à l'abri la couvaison d'œufs précieux, qu'ils retournent chaque jour, et que leurs efforts se voient couronnés par l'éclosion d'une espèce rare. Malheureuse, quand il y a des ratés, bien sûr, comme dans toute expérience vivante. Si les perruches moines s'accoutument très bien au climat breton, elles comptent de nombreux prédateurs locaux. Leurs espoirs de reproduction sont sans cesse mis à mal par les corneilles et les goélands, impitoyables destructeurs de nids et dévoreurs d'œufs. Les renards sont également des prédateurs redoutés, qui se faufilent sous les grillages, opérant de nombreux dégâts chez les volatiles.

Quelquefois, la cohabitation est difficile, mais pas toujours pour les raisons qu'on imagine. Une année, Paul installe ainsi des cygnes noirs avec les gibbons sur l'île artificielle créée à leur

À gauche : Portrait de Paul Jourde au perroquet, par Mario Cavaglieri.

À droite : Hélène Jourde avec une biche, années 1950, aux États-Unis.

intention. Hélas, les œufs couvés par ces cygnes sont détruits, systématiquement. Il s'apprête à déplacer les cygnes quand, par le fruit de ses observations régulières et attentives, Paul découvre que l'extermination scrupuleuse des œufs est le fait… d'un seul gibbon. Il suffit d'écarter le vandale pour que les oiseaux puissent pondre de nouveau en toute tranquillité au milieu des autres gibbons qui, eux, n'y trouvaient rien à redire.

Peu à peu, la réputation de Branféré grandit. Le parc, devenu lieu mythique pour la Société ornithologique du Morbihan, intéresse de plus en plus. Les spécialistes du monde animalier (Jean-Marie Pelt, Gérard Dubost, Robert-Daniel Etchécopar, mais aussi le prix Nobel autrichien Konrad Lorenz…) sont invités à venir voir de près cet étonnant paradis. Paul y encourage les chercheurs et les reçoit sur place tout le temps nécessaire à leur observation. Branféré accueille d'éminents chercheurs du monde animal. L'été, toutes les chambres du château sont occupées, tour à tour par des amis, des notables, des scientifiques. Pour recevoir dignement ses invités les plus prestigieux, Paul fait aménager la maison du Chapelain, ce joli petit manoir du XVIIe siècle, doté de trois chambres, une salle de bains, tout le confort. Sur la pelouse du château ou durant le dîner, les conversations tournent souvent autour des animaux et des études les concernant. Les scientifiques présents ont parfois des allures de Professeur Tournesol, comme le professeur Leclercq, un entomologiste belge, spécialiste des insectes. S'arrêtant en plein milieu d'une phrase, levant le doigt pour suivre un insecte en vol, les sourcils froncés, il conclut : « C'est une femelle », avant de reprendre la conversation là où il l'avait interrompue.

Le 27 juillet 1965 marque le début d'une nouvelle ère pour le parc de Branféré. C'est le jour en effet où, après trente années passées à être aménagé avec passion, il s'ouvre au public, offrant à l'époque un domaine de vingt hectares. Cette ouverture a plusieurs explications : la première est sans doute financière. La fortune personnelle des Jourde avait beau être très importante – au moins au départ –, elle n'était pas illimitée. Or, le parc nécessitait de nouveaux aménagements coûteux. Les pouvoirs publics ont également joué un rôle, qui ont compris que

l'ouverture aux familles pourrait présenter un intérêt économique pour la région. Enfin, Paul et Hélène ont probablement vu une occasion de faire rayonner leur grand œuvre, de le porter à la connaissance d'un public élargi, qui pourrait être ainsi sensibilisé à la beauté du vivant.

Ce qui n'était qu'un grand jardin privatif, une sorte de cabinet de curiosités, se transforme en un lieu ouvert aux familles. L'inauguration se tient un mardi de juillet frais et humide, au cours d'un été qui n'a rien d'estival. Mais à peine le parc a-t-il entrouvert ses portes que le succès est au rendez-vous. Le public, dont Paul et Hélène n'avaient aucunement imaginé l'ampleur, se presse aux grilles du château. Les visiteurs prennent leurs tickets à la cabane de bois au toit de chaume dessinée par Hélène et achètent des paquets de pop-corn. Puis ils empruntent la grande allée d'arbres menant au château, émerveillés de se trouver au milieu d'animaux si libres, dans l'ombre fraîche des frondaisons. Certains restent cois devant ces beautés offertes, presque tous ralentissent le pas.

Si le tout nouveau parc est patronné par la Société morbihannaise d'ornithologie et d'histoire naturelle, dont Paul Jourde occupe la première vice-présidence, ce n'est pas un hasard : Branféré possède alors un groupe de grues parmi les plus réputées d'Europe. Leurs grues du Canada, en particulier, ont été longtemps les seules représentantes de leur espèce sur le continent. Et Paul n'hésite jamais à solliciter les jeunes visiteurs au moment où les rhododendrons périssent, afin qu'ils l'aident à retirer une à une chaque fleur fanée. Il ne se prive pas de les féliciter chaudement de leur action : « Jeunes gens, merci, vous venez de contribuer à la beauté du lieu et au respect de la nature ! »

À la fin des années 1960, intervient la rencontre avec François de La Grange, journaliste et producteur renommé pour sa série d'émissions à la télévision « Les animaux du monde ». Imaginée au départ pour les enfants, elle rencontre un succès fou auprès de tous les publics. En 1969, l'homme de télévision tourne certaines émissions à Branféré même, et sa grande

À gauche : Mollie Parnis Summer collection de New York en 1952, et paravent « cactus » d'Hélène Jourde (à l'occasion d'une des expositions d'Hélène Jourde à la House of Duveen, New York).

À droite : Galerie Hélène Jourde, parc de Branféré.

À gauche : Gibbon à favoris blancs.

À droite : Langur doré, par Hélène Jourde (collection Fondation Paul et Hélène Jourde).

Page 42, en haut : Margays, par Hélène Jourde (collection Fondation Paul et Hélène Jourde).

En bas : Zèbres de Grant, par Hélène Jourde (collection Fondation Paul et Hélène Jourde).

Page 43, en haut : Panda roux.

En bas : Zèbre de Grant.

popularité double bientôt le nombre de visiteurs. Paul Jourde peut faire connaître plus largement la nature de son apostolat, car, dès 1967, il a participé à la fondation d'une structure de grande importance, l'Association nationale des parcs et jardins zoologiques privés (ANPJZP).

Celle-ci compte trente-quatre membres, tous propriétaires de parcs et également choqués par l'ouverture de lieux recevant les animaux dans des conditions déplorables. Trop souvent absent de France, Paul Jourde n'y occupe que la fonction de deuxième vice-président, mais il a activement contribué à en rédiger les statuts, en avance sur leur époque. En effet, l'ANPJZP se donne pour mission de protéger la faune menacée. Sur la liste des membres de l'association en 1970, on trouve, outre François de La Grange (membre d'honneur), le prince de Monaco (membre associé). Devenir membre de l'ANPJZP implique de répondre à de sérieuses exigences : une commission d'inspection y est chargée de vérifier régulièrement que les parcs répondent bien aux objectifs fixés, à savoir « protéger les espèces animales en général, et particulièrement celles menacées d'extinction, en favorisant leur acclimatation dans les conditions les plus favorables, en leur laissant le maximum de liberté ; [de] favoriser leur reproduction et la survie de celles menacées à l'état libre ; [de] faire connaître au public une grande variété d'animaux et d'oiseaux ; [d']offrir aux zoologistes toutes possibilités de faire des études sur ces différentes espèces ; [de] contribuer à la répression des abus dans le commerce des animaux ; [d']organiser la visite du public de manière à favoriser des possibilités de contact avec la nature et [de] contribuer au développement de loisirs sains et attrayants ».

Ces directeurs de parcs annoncent déjà un tournant fondamental dans la prise en compte de la préservation des espèces. Ils réclament aussi la mise sur pied d'une vraie formation de soigneur, au service du bien-être des animaux. Paul Jourde prend très au sérieux les statuts précurseurs de l'ANPJZP, au point que, en 1973, il en claquera la porte, déçu qu'elle donne son label à des parcs et zoos qui ne les méritent aucunement.

Hélène Jourde avec un daim devant le château de Branféré, dans les années 1960.

C'est à cette époque que, de retour d'un nouveau voyage en Inde, Paul tient une série de conférences intitulée « La nature en péril en Inde ». Lui qui connaît sur le bout des doigts ce pays qu'il a visité à de nombreuses reprises et où il est accueilli comme chez lui, il y constate l'appauvrissement tragique de la biodiversité depuis un demi-siècle. Alors que la conscience environnementale émerge, il fait entendre sa voix, dénonçant la déforestation : « Le monde est aujourd'hui toujours plus menacé. Les forêts qui récemment encore en couvraient la meilleure partie disparaissent aujourd'hui avec une rapidité croissante [...]. Les arbres tombent victimes des scies à chaîne et des tronçonneuses. » Et avec la forêt, constate-t-il, de nombreuses espèces disparaissent.

Avec l'écologie naît la volonté de sensibiliser le public. Puisque les visiteurs sont là, Paul et Hélène imaginent une nouvelle façon de leur faire découvrir le monde sauvage, afin de susciter chez eux l'envie de le protéger. Paul insiste sur l'aspect polyvalent de son œuvre, « un ensemble à la fois culturel, artistique, éducatif, scientifique et, bien entendu, touristique ». Dès 1968, il transforme la maison du Chapelain : au rez-de-chaussée, c'est un centre d'exposition artistique et, à l'étage, un endroit réservé aux scientifiques. À travers ses peintures, Hélène émerveille en même temps qu'elle éveille les consciences. Comme le résume en 1972 une journaliste du *Parisien libéré*, « la protection des animaux et de la nature, plus que jamais à l'ordre du jour, trouve en Hélène Jourde une avocate aussi éloquente que passionnée ». De nombreux étudiants viennent aussi en stage et, encouragés par Paul, font bénéficier les visiteurs de Branféré de leurs connaissances, faisant office de guides bénévoles aux côtés des jeunes de la commune.

Paul Jourde avec un tapir terrestre, fin des années 1970.

MENACE SUR LE PARC

Mais les nuages noirs s'accumulent au-dessus du parc. Non seulement Paul et Hélène puisent chaque année dans leurs fonds personnels pour équilibrer les comptes, négatifs, mais en plus l'administration fiscale, devant le succès d'un lieu qu'elle considère comme une entreprise commerciale, leur réclame brutalement des sommes énormes. Paul s'indigne, met en avant le fait que Branféré est une œuvre philanthropique. Il interpelle chaque visiteur avec une pancarte placée à l'entrée du parc : « Visiteur, si tu aimes la beauté, la nature et les animaux, si tu considères que l'ensemble artistique de Branféré vaut la peine de survivre et d'être encore amélioré, il ne t'en coûtera qu'un mot, qu'un instant, qu'une simple signature qui nous aidera grandement, en montrant l'intérêt de notre œuvre, devant un fisc insatiable, obtus, dévorant. »

Parallèlement, Paul dépose un recours administratif et démontre que, loin de réaliser les bénéfices mirobolants imaginés par l'État, son parc est largement déficitaire. Surtout, il explique sa triple valeur pédagogique – avec l'ouverture au public –, scientifique – avec l'accueil des chercheurs – et culturelle – avec des expositions à la maison du Chapelain. Il se bat pour que Branféré dépende du régime fiscal de châteaux historiques ouverts au public, et non de celui d'une entreprise commerciale destinée à générer des bénéfices.

Malheureusement, plusieurs années de lutte avec le fisc aboutissent à une impasse. Dans une lettre déchirante de janvier 1969 adressée à son avoué, Paul exprime son découragement : « Si, comme je le crains, les charges écrasantes que le fisc me notifie sont bien maintenues, tout le rêve que nous avons fait s'écroule comme un château de cartes et il n'y

a plus qu'à tout abandonner. Les malheureuses bêtes qui vivaient à Branféré leur existence libre et normale devront être sacrifiées et vivre pour toujours une triste vie derrière les barreaux de quelque zoo d'Europe ou d'Amérique, et tout ce que nous avons fait pour elles et pour la région aura été en pure perte. » Le fondateur de Branféré songe à fermer ses portes et à transférer ses animaux au zoo de Barcelone.

En janvier 1972, par mesure de rétorsion, les Jourde décident de fermer le parc. Un sobre « Avis aux amis du parc » est cloué à l'entrée : « Du fait des exigences fiscales imposées au parc, celui-ci demeurera malheureusement fermé au public [...] le samedi 25 mars. » Aussitôt, et ainsi qu'il l'avait espéré, son annonce déclenche une levée de boucliers. Tout le monde s'insurge. Des manifestations de soutien affluent de partout, des journaux, des élus, des scientifiques, des visiteurs rapportant le souvenir ébloui de leur passage... L'ancien ministre de l'Intérieur et maire de Vannes Raymond Marcellin, son adjoint Jacques Fraval de Coatparquet, grand protecteur de la nature, le maire de Dinan Yves Blanchot sont de la partie, ainsi qu'une foule de particuliers. Une habitante de Muzillac, à deux pas de Branféré, va jusqu'à adresser une missive à l'épouse du président de la République, Mme Pompidou. Des chercheurs du CNRS et du Muséum national d'histoire naturelle soulignent la « très grande importance du parc dans le domaine de la recherche zoologique et la préservation de notre patrimoine culturel et scientifique ». Konrad Lorenz écrit que « la disparition du parc serait regrettée par les scientifiques du monde entier et la France perdrait un trésor ». François de La Grange proteste également et, face au tollé général, le ministre de l'Économie et des Finances, le futur président de la République Valéry Giscard d'Estaing, intervient. Il décide d'un régime fiscal « tenant compte de l'esprit de mécénat qui vous a guidé dans la création de votre parc », écrit-il à Paul, dans une lettre où il rend « hommage à l'action que Mme Jourde et vous-même avez menée en faveur de la protection de la nature et de l'environnement ».

Paons et wallaby.

« Branféré est sauvé », titre le quotidien *Ouest-France*, le 21 novembre 1972. Des messages de joie parviennent de partout, et le parc rouvre ses portes. Dans la foulée, pour donner au lieu une structure juridique devenue indispensable, Paul crée, avec François de La Grange, la société anonyme Parc de Branféré. Le journaliste animalier a pris une part importante dans l'aventure, et il s'engage dans sa gestion financière comme conseiller technique. C'est une période d'euphorie qui s'annonce, assombrie seulement par la mort, en 1976, durant un reportage en Afrique, de François de La Grange. Paul a perdu un ami, mais aussi un allié de taille pour Branféré.

Les années 1970 marquent un tournant dans le traitement des animaux sauvages, avec l'adoption de la Convention de Washington. Appliquée en 1975, celle-ci réglemente plus sévèrement le commerce international de la faune et de la flore sauvages. Il devient plus difficile d'aller se servir indûment dans les écosystèmes en spécimens d'espèces en danger, telles que l'oryx algazelle ou l'ara hyacinthe. Cette nouvelle réglementation, Branféré, comme d'autres parcs animaliers, ne l'a pas attendue pour assurer la protection des animaux les plus vulnérables. Désormais, leur reproduction est contrôlée et assurée par un système d'échanges entre parcs animaliers, ce qui explique qu'aujourd'hui, à Branféré, tous les animaux soient nés sur place, en captivité – à l'exception de la très âgée femelle siamang, Bibouska. Elle est la dernière à avoir connu le monde sauvage et à avoir été introduite par Paul et Hélène Jourde, en 1978.

Septuagénaires, Paul et Hélène n'ont rien perdu de leur enthousiasme et de leur curiosité : ils continuent de voyager quand le parc est fermé au public, à la saison froide. Le plus souvent, ils regagnent leur Argentine chérie, en confiant le château et le parc à Giulio et à sa femme Annie, et à des personnes originaires du Guerno. Un gardien s'installe au château la semaine, deux hommes présents à l'année font office de soigneurs – sans formation alors, puisqu'elle n'est pas encore créée.

Conteur de talent, fort de ses expériences de grand voyageur, Paul donne des conférences auxquelles il prend un immense plaisir. La notoriété d'Hélène, la « peintre du paradis », est acquise, particulièrement à l'étranger. Les galeries la reçoivent, et son polyptyque dédié à la vie de Bouddha sera exposé dix ans au Metropolitan Museum de New York. Avec eux, l'image de Branféré continue de voyager à travers le monde.

LES DERNIÈRES ANNÉES D'HÉLÈNE ET PAUL JOURDE

Les années passent, Paul approche des quatre-vingts ans. C'est l'âge où, bien sûr, on songe à une succession. Mais Hélène et lui n'ont pas voulu d'enfants, et Giulio n'en a pas eu non plus. Qui donc va hériter de l'éden auquel ils ont voué leur vie, consacré leur énergie et donné leur cœur ? Paul craint que leur œuvre ne disparaisse à leur mort, ou bien qu'elle ne soit transformée en une entreprise purement commerciale, expurgée de toute l'âme poétique qu'ils ont su insuffler. Qu'adviendrait-il de leurs animaux si leur parc devenait un zoo ordinaire ?

Dans un premier temps, le couple crée la Fondation Paul et Hélène Jourde, à laquelle ils adossent Branféré. Puis Paul se renseigne soigneusement. La Fondation de France, organisation reconnue d'utilité publique, soutenant des initiatives dans tous les domaines d'intérêt général, lui semble une solution préférable. Le temps lui manquera pour acter ce choix. Un lundi matin, le 23 juin 1986, il s'éteint brutalement dans son lit, au milieu du chant des singes et du cri des paons, entouré des arbres qu'il aimait tant.

Pour Hélène, que son âge destinait à mourir avant son mari, cette disparition est terrible. La grande dame de Branféré sombre dans la tristesse, ne s'alimente presque plus, approche à peine ses toiles. Tout juste trouve-t-elle le courage de poursuivre ce que Paul avait entamé

Paravent sur la vie de Bouddha qui a été exposé pendant de longues années au Metropolitan Museum of Art de New York (collection Fondation Paul et Hélène Jourde).

Pages 50-51 : Entre éléments aquatique et végétal, immersion dans le parc de Branféré.

pour leur succession : elle lègue Branféré à la Fondation de France, avec mission de poursuivre leur œuvre et d'en assurer la pérennité. Branféré qui, pour la première fois depuis ses débuts, a trouvé l'équilibre financier. Elle regrette vivement que Paul n'ait pas eu le temps de le savoir pour s'en réjouir. Deux ans plus tard, en 1988, Hélène s'éteint à son tour dans son cher château, au cœur de ce paradis où Paul l'avait conduite un jour, il y a bien longtemps, en cet éden peuplé de créatures étranges et lointaines, que son pinceau a su immortaliser.

Même si un parc animalier n'entre pas dans ses missions habituelles, la Fondation de France est rapidement convaincue de la nécessité de poursuivre l'œuvre bâtie par les Jourde, conjuguant une dimension esthétique et artistique, un engagement écologique fort, en avance sur son temps, et une volonté de transmission aux jeunes générations. Branféré n'est pas un parc zoologique comme les autres : il est une création à part entière, artificielle bien sûr, mais pensée pour être la plus proche possible des conditions offertes par la nature. La mission d'un parc est de faire découvrir au public des espèces inconnues, de leur montrer leur beauté, mais aussi leur vulnérabilité. Ce que le couple Jourde avait pensé, la Fondation va le développer, comme l'éducation à l'environnement auprès des plus jeunes et les aspects de la recherche scientifique, idées tout à fait conformes aux souhaits des fondateurs de renforcer la dimension pédagogique.

Cette splendeur pleine de charme, la Fondation de France a eu à cœur de la conserver et même de l'accentuer, en aménageant des allées et en présentant les animaux par écosystème : plaine africaine, vallée indienne, chemin des archipels, espace marin, plaine sud-américaine… Les quarante-cinq hectares du parc ont évolué tout en demeurant le joyau auquel les Jourde ont voué leurs existences.

Préserver et développer la biodiversité

Pages 52-53 : Tableau des « ailes de Branféré » : pélicans à dos rose et blanc, cigognes blanches, ibis rouges.

Couple de gibbons à favoris blancs.

Ils se nomment gibbon à favoris blancs, oryx algazelle, hippopotame pygmée, pélican frisé... Des appellations pleines de poésie, mais qui cachent, hélas, d'inquiétantes réalités : ces espèces sont en effet toutes classées par l'Union internationale pour la conservation de la nature (UICN) dans les catégories les plus exposées à la menace d'extinction, selon une gradation qui démarre à « espèce vulnérable » et s'achève sur la terrible « espèce éteinte en milieu naturel ». Ce sort funeste n'est pas réservé à quelques-unes des espèces les plus médiatisées (baleines, éléphants, pandas...), mais il est largement partagé au sein du règne animal : plus d'un quart des mammifères sur terre sont concernés par cette mise en danger à plus ou moins longue échéance, tout comme 12 % des oiseaux et pas moins de 40 % des amphibiens. Cette mise en danger n'est pas théorique : selon le WWF, les populations des animaux vertébrés sauvages ont décliné de près des trois quarts (73 %) entre 1970 et 2020. Et d'après une étude du CNRS, 25 % des oiseaux en Europe ont disparu entre 1980 et 2020.

Au siècle dernier, comme beaucoup de passionnés du monde animal, Paul et Hélène Jourde avaient déjà constaté, au cours de leurs périples autour du monde, que de nombreuses espèces devenaient de plus en plus rares dans la nature, voire que certaines avaient purement et simplement disparu. Le couple a vite pris conscience de l'urgence de tout mettre en œuvre pour sauvegarder la biodiversité de la planète, menacée par des phénomènes encore peu perçus à leur époque : la pollution, l'urbanisation galopante, l'industrialisation, la chasse massive, les trafics, le grignotage des terres sauvages pour y implanter de lucratifs hectares d'élevage ou de plantations agricoles... Branféré s'est mué en arche de Noé pour les espèces menacées de déclin. Une mission qui continue d'être la sienne au XXIe siècle.

Le parc met ainsi en œuvre des politiques de conservations *in situ* – dans le milieu naturel – et *ex situ* – sur place, à Branféré. La conservation *in situ* consiste essentiellement à financer des programmes de sauvegarde, de maintien et de restauration des habitats naturels partout sur le globe. Un pour cent du chiffre d'affaires annuel des entrées de Branféré (auquel il faut ajouter une part des recettes des séminaires, plus l'intégralité des dons des visiteurs) est ainsi reversé à une douzaine de campagnes de sauvegarde à travers le monde. Ces projets, qui visent, à leur

Pélican à dos rose.

mesure, à contrer le grand mouvement de décimation des espèces, contribuent à assurer, entre autres, la survie du rhinocéros dans le nord-est de l'Inde (avec l'ONG Save the Rhino), celle des primates et de leur habitat en Ouganda, Indonésie et Afrique centrale (programme Rajako), ou celle de la cigogne blanche sur la côte atlantique française (avec l'association Acrola).

Le parc pratique aussi la conservation *ex situ*, soit « en dehors du milieu naturel ». Cela signifie que, à Branféré, des espèces dont la survie n'est plus garantie dans les écosystèmes où elles évoluent naturellement font l'objet de programmes de reproduction et d'élevage en captivité. Ces procédures, inscrites dans les Programmes *ex situ* européens (EAZA en anglais), s'appliquent à coordonner les efforts d'un grand nombre de parcs du Vieux Continent, dont l'action est rigoureusement encadrée par les protocoles scientifiques mis au point par l'Union internationale pour la conservation de la nature. Les EAZA s'avèrent précieux, car ils servent à maintenir la pérennité génétique d'une espèce (autrement dit sa survie grâce à sa faculté de se reproduire) en faisant en sorte qu'elle réchappe à un autre danger : la domestication.

Pour le dire simplement, Branféré agit pour que les individus, bien que tous nés en captivité, bénéficient des conditions d'existence les plus proches possible de celles qu'ils auraient connues dans leur milieu naturel. Ainsi le personnel de Branféré maintient-il ses distances avec ses pensionnaires, et ne se trouve à son contact qu'en cas de nécessité directe. Au total, sur les quelque six cents espèces mondiales en danger prises en charge par les parcs animaliers d'Europe, plus d'une quarantaine cohabitent dans le parc. Car, quand une espèce se raréfie dans la nature, voire n'existe plus du tout, c'est une responsabilité immense que d'en assurer la survie !

Et, bien sûr, il ne s'agit pas seulement de survie : le bien-être des animaux accueillis a toujours été la priorité des équipes du parc, et ce depuis son origine. Les quarante-cinq hectares où ils évoluent en semi-liberté n'ont pas été pensés et aménagés, comme dans d'autres établissements, au service exclusif du « spectacle » offert aux visiteurs, mais d'abord en

Bibouska, siamang.

gardant à cœur l'épanouissement des pensionnaires. Cet épanouissement repose notamment sur un espace réservé à chacun d'entre eux, qui leur permet de disposer d'une grande liberté de mouvement, en toute sérénité, sans éprouver le sentiment d'être épiés. La cohabitation se fait tranquillement, spontanément, entre ces animaux nés en captivité, dont les rythmes de vie, les particularités comportementales et la sociabilité font l'objet d'un scrupuleux respect.

Parmi les animaux menacés dans leur milieu naturel, citons d'abord le gibbon siamang, un singe noir aux bras allongés qui loge naturellement dans les hauteurs des forêts équatoriales de Malaisie et d'Indonésie, d'où, hélas, il est de plus en plus chassé – au point d'être classé « en danger » par l'UICN. Cette espèce est emblématique de Branféré, car elle y est implantée depuis très longtemps. Les visiteurs peuvent encore apercevoir Bibouska, la doyenne du parc. Au cours de son existence, cette vigoureuse femelle gibbon siamang de plus de quarante-cinq ans a donné naissance à une quinzaine de beaux bébés pleins de vie qui, adultes, ont rejoint d'autres parcs européens. Elle vit désormais seule, car la cohabitation avec ses congénères est devenue pour elle trop exténuante. Cette vieille dame a son rituel, bien connu des soigneurs : elle dîne tôt, vers quatre heures de l'après-midi, et se plonge ensuite dans les délices du sommeil. Tout le monde sait qu'il faut la laisser en paix.

Le gibbon siamang est une espèce de singes adorable dont les visiteurs raffolent… mais ce n'est pas la race la plus discrète. Car l'espèce est dite « chanteuse », et la nature l'a dotée d'un sacré coffre ! Son chant, décuplé par les effets d'un sac laryngé (qui se trouve dans sa gorge et qu'il gonfle à l'envi), s'entend à des kilomètres à la ronde. Pourquoi tant de vacarme ? Pour marquer son territoire et maintenir les liens avec son groupe dans la forêt tropicale, connue pour être un écosystème particulièrement dense.

Parmi sa nombreuse descendance, Bibouska a légué Malaka, une femelle restée vivre à Branféré. Aujourd'hui âgée de vingt-six ans, celle-ci partage sa vie avec un mâle nommé Siam

Vari roux.

et a déjà gratifié Branféré de six bébés. Ce qui est exceptionnel, car le nombre de naissances accordées à chaque espèce répond à une comptabilité très stricte, définie par les scientifiques de l'Union internationale pour la conservation des espèces. Trop de bébés d'une espèce compromettent en effet les possibilités d'accueil et de reproduction d'autres espèces, qui, pour certaines, sont elles aussi menacées dans leurs milieux naturels, et ont donc besoin d'un refuge.

Par exemple, le tapir terrestre, un ongulé brun nanti d'un long groin, qui ressemble à un cochon, alors qu'il est, génétiquement, plus proche du cheval et du rhinocéros. Le tapir évolue naturellement en Asie, mais surtout en Amérique latine, du Bélize jusqu'aux terres du nord de l'Argentine. Son aire de répartition a beau être vaste, elle est de plus en plus victime de la pression humaine. Et si les populations de tapir dissimulées au cœur de la forêt d'Amazonie sont encore relativement épargnées, l'habitat de celles qui se trouvent à sa bordure est mis en péril, notamment par la déforestation, sur des milliers d'hectares, des prairies d'élevage bovin et des champs de soja. Voilà pourquoi *Tapirus terrestris* est classé « vulnérable » par l'UICN, comme d'autres espèces du parc qui ne sont pas inconnues des petits et des grands, bien au contraire : la girafe, le yack, le renne, le rhinocéros indien, le manchot, la loutre cendrée…

Branféré a la joie de compter deux tapirs, nommés Stella et Buster. Comme tous leurs congénères, Stella et Buster ont la particularité d'être dotés d'un cuir épais, ce qui leur permet de réaliser, sans dommage aucun, des trouées parmi les arbustes les plus denses (et les plus épineux !). Un détail ? Ça ne l'est pas pour les espèces végétales situées au plus près du sol, qui bénéficient de ces trouées pourvoyeuses de lumière du soleil. En outre, le tapir a la bonne idée de se nourrir de graines végétales peu appréciées des autres espèces. Or certaines d'entre elles, lorsqu'il les ingurgite, restent intactes dans son estomac, puis dans son intestin, et atterrissent dans ses excréments… ce qui contribue naturellement à leur dissémination dans le milieu. Ce phénomène s'appelle la zoochorie (du grec *zôon*, « être vivant », et *kôrein*, « se mouvoir », autrement dit : le déplacement animal).

Tapirs terrestres.

CHAQUE ANIMAL EST UN TRÉSOR

La naissance d'un tapir, au début des années 2000, est l'occasion de souligner auprès du public un élément important dans l'histoire de Branféré, mais qui n'est pas forcément connu à l'extérieur du parc : l'implication sans faille des dizaines de soigneurs dans le bien-être des animaux. Ainsi, peu après la venue au monde du bébé tapir, son soigneur, Mikaël, a passé toute la nuit aux côtés de la maman afin que celle-ci n'écrase pas le nouveau-né en faisant un faux mouvement, comme cela arrive quelquefois. Une pratique de suivi bienveillant qui, aujourd'hui, serait plus discrète puisqu'elle se ferait à l'aide de la surveillance vidéo. À chaque naissance d'un animal de grande taille (et de grand poids, surtout), par exemple un hippopotame ou un rhinocéros, les équipes de Branféré se relaient ainsi pour visionner les images et intervenir le cas échéant afin d'éviter des catastrophes.

C'est que chaque animal du parc est considéré comme les regardaient Paul et Hélène Jourde, à savoir un représentant extraordinaire d'une espèce qui ne l'est pas moins. De fait, les particularités de certains animaux comptant parmi les plus menacés du globe nous rappellent sans cesse combien il est indispensable de les protéger pour mieux les observer, et donc mieux mettre au jour leurs secrets. Sait-on, par exemple, que le maki vari, ce grand lémurien roux à la tête noire et aux yeux perçants, est le seul à bâtir des nids dans les arbres avant de mettre bas, comme les oiseaux ? Ce magnifique animal, endémique de l'île de Madagascar (c'est-à-dire qu'on ne le trouve naturellement nulle part ailleurs), a aussi la singularité de ne vocaliser que… la tête en bas !

Citons aussi le cas de l'hippopotame pygmée, un cousin tout noir et de petite taille (il mesure au maximum un mètre) de l'hippopotame. Il est très mignon, mais court un danger d'extinction dans ses pays d'origine (Côte d'Ivoire, Sierra Leone, Liberia et Guinée), même s'il est, à l'heure actuelle, presque impossible à dénombrer, car il vit surtout la nuit et évolue

traditionnellement au fond d'une forêt dense, peu accessible à la gent humaine – mais, hélas, détruite par elle. Les équipes de Branféré sont fières d'avoir été autorisées à donner naissance à deux hippopotames pygmées, une femelle prénommée Moyamba, résidant aujourd'hui dans un parc zoologique espagnol, puis un mâle, Dabou.

Car orchestrer la reproduction de l'hippopotame pygmée n'est pas chose aisée, pour deux raisons. D'abord parce que la communauté scientifique ignore la plupart de ses habitudes dans la nature, ses codes amoureux compris. Comment mettre un monsieur et une dame hippos dans les meilleures dispositions pour que leur accouplement porte un fruit ? C'est la question qui a donné lieu à des expérimentations – fécondes, heureusement – au parc. Ensuite, parce que, contrairement à son cousin l'hippopotame commun, le pygmée est une espèce dite « solitaire ». C'est-à-dire que, très prosaïquement, le mâle et la femelle ne supportent pas de cohabiter bien longtemps ! Il faut donc doser avec la plus grande exactitude les heures qu'ils passeront en compagnie l'un de l'autre pour avoir le temps de se reproduire, mais sans que cela débouche sur un pugilat – sachant que mâles comme femelles pèsent environ deux cents kilos et sont dotés de canines possiblement meurtrissantes que leur caractère revêche peut mettre en action plus rapidement qu'on ne l'imagine.

Hippopotame pygmée.

À Branféré, on récolte par ailleurs un trésor inattendu légué par les hippopotames nains : leurs excréments ! En effet, une expérimentation internationale, conduite notamment par l'antenne allemande de l'organisation Ibream (Institute for Breeding Rare and Endangered African Mammals – en français, l'Institut pour l'élevage de mammifères africains rares et menacés), s'efforce de comptabiliser le nombre d'individus encore vivants en Côte d'Ivoire, grâce au flair... des chiens. Concrètement, si ces hippos sont difficiles à apercevoir dans leur habitat naturel, leurs déjections demeurent, elles, faciles d'accès. Toutefois, distinguer un tas d'excréments d'un autre, déterminer qu'il a été produit par tel nombre d'individus, et lesquels parmi eux sont mâles et lesquels femelles, est mission impossible pour des humains. Mais pas pour des chiens qui, bien entraînés, pourraient réaliser un inventaire précis grâce à leurs truffes prodigieuses. Pour cela, ils doivent bien sûr aiguiser leur flair, et c'est précisément le rôle des excréments de Dabou et des siens, dûment expédiés vers l'Allemagne en qualité de matériau... à exercices.

Mais, au parc, l'« exotisme » ne se trouve pas toujours où on le croit. Les plus distraits des visiteurs passent ainsi devant les ânes de Somalie sans imaginer qu'ils sont bien davantage que de simples représentants de l'espèce âne. Car *Equus africanus somalicus* n'est pas seulement l'ancêtre sauvage des ânes domestiques, ce dont témoigne sa robe, arborant quelques marques primitives (zébrures sur les pattes, raie blanche qui serpente sur sa croupe...) : le discret animal, qui peut mesurer un mètre quarante-cinq de long, a aussi, hélas, le triste privilège d'être l'équidé actuellement le plus menacé du monde. En effet, dans les zones où il survit

encore, dans la corne de l'Afrique (Érythrée, nord de la Somalie), il est délogé de son habitat à cause de l'agriculture et se mêle génétiquement aux ânes domestiques, ce qui est une manière moins spectaculaire mais tout aussi radicale de faire disparaître une espèce.

Par ailleurs, l'âne de Somalie a été massivement chassé, au point qu'il n'en reste plus que quelques centaines à l'état naturel. Pourquoi cette chasse ? Pour consommer sa viande, en premier lieu, mais aussi parce que les humains ont imaginé – à tort – qu'une soupe confectionnée à partir de ses os était souveraine pour guérir diverses pathologies (tuberculose, constipation, rhumatismes...). Aujourd'hui, sans un programme international de protection particulièrement solide, et sans les efforts cumulés d'une trentaine de parcs en Europe qui en conservent environ deux cents individus, l'âne de Somalie aurait rejoint la longue liste des animaux disparus par le fait des humains.

Gnous bleus.

Pour bien protéger les espèces, Branféré s'efforce de sanctuariser un écosystème entier et sa biodiversité. C'est le cas par exemple de la plaine africaine du parc, où cohabitent quelques grands herbivores de la savane (girafes, zèbres, gnous bleus, grands koudous...). C'est le cas aussi d'une province du Paraguay que connaissent bien les tapirs, puisqu'ils y vivent, et qui s'appelle le Chaco. Le Chaco est un joyau naturel, doté d'une richesse paysagère, animale et botanique extraordinaire. Il conjugue en effet des zones sèches, presque arides, des zones humides, des forêts, écrins d'une variété d'espèces étourdissante. Mais il est, hélas, grignoté par l'essor d'une agriculture intensive, dont le tapir n'est pas le seul à souffrir. Le fourmilier – appelé aussi tamanoir –, un animal au museau fuselé et pourvu d'une langue de soixante centimètres de long, exclusivement myrmévore (qui ne se nourrit que de fourmis), tout comme le pécari, un cousin sud-américain du sanglier, sont également délogés

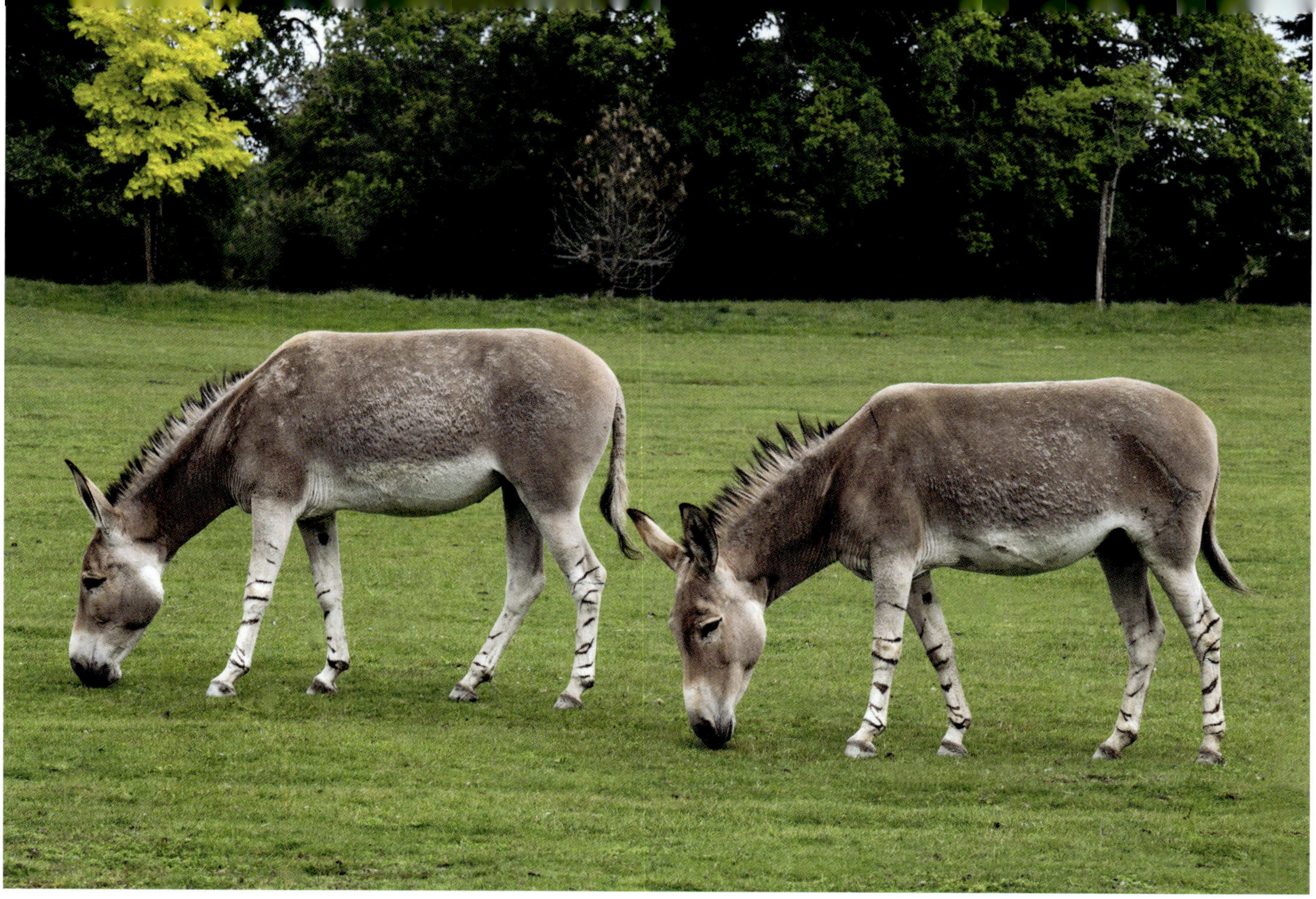

Ânes sauvages de Somalie.

de leurs habitats. Tous ces animaux partagent le même risque d'extinction. Aussi Branféré a-t-il décidé de recréer, sous les cieux de Bretagne, un écosystème apparenté au Chaco. Ce n'est pas une copie pure et simple de ce milieu menacé, plutôt une subtile évocation qui permet de rassembler ces animaux – tous nés en captivité en Europe, il faut le préciser – habitués à se côtoyer dans la nature. Cette création fait écho à l'œuvre d'Hélène Jourde, qui a souvent fidèlement représenté la faune et la flore sud-américaines.

Branféré met tout en œuvre pour permettre aux espèces de cohabiter le mieux possible, comme c'était le cas au sein du parc créé par le maharajah de Kutch et comme l'ont fait ensuite les Jourde. Car la nature ne connaît ni frontières ni catégorisations scientifiques : la coévolution y est la règle, et ces dernières années, avec l'appauvrissement de la biodiversité mondiale, on pourrait même parler de « cosurvie ». De fait, les visiteurs du parc n'en sont pas forcément conscients, mais quand ils viennent à la rencontre de certaines espèces dites « emblématiques » – autrement dit les plus populaires – et s'impliquent en versant des dons pour leur survie, ils participent dans les faits à la sauvegarde de bien d'autres animaux, moins réputés.

C'est le cas par exemple du panda roux, un mammifère grand de cinquante à soixante centimètres, pourvu d'une jolie queue striée en panache. Contrairement à ce que son nom indique, ce petit carnivore n'a aucune familiarité génétique avec le panda noir et blanc – il est, du reste, le seul représentant de sa famille, les ailuridés. Il partage seulement avec lui le triste sort d'être une espèce asiatique menacée d'extinction, mais aussi de jouir d'une apparence flatteuse – du moins selon les critères humains – qui lui garantit une sollicitude internationale durable. Ce petit museau, ces oreilles de chat, ce pelage splendide permettent en effet aux parcs d'attirer l'attention des publics et, d'un même mouvement, de les sensibiliser au sort

des multiples espèces qui évoluent, avec lui, dans les forêts montagneuses des contreforts de l'Himalaya, s'étendant depuis le nord de l'Inde jusqu'à la Chine, en passant par le Népal et le Bhoutan. Ces écosystèmes fragiles subissent une pression terrible exercée par la déforestation, notamment à cause de l'usage du bois, l'installation de rizières et de plantations de thé.

Heureusement, sur place, des associations agissent pour remédier à ces destructions. Le Red Panda Network, implanté notamment en Inde et avec lequel Branféré a noué de longue date un partenariat, s'implique pour reconstituer sur place des corridors écologiques, ces trames végétales indispensables à la circulation des espèces entre deux habitats verts. Par cette action, le Red Panda Network contribue au maintien de leurs facultés de reproduction. Ces corridors bénéficient bien sûr au panda roux, mais aussi aux oiseaux, reptiles, insectes, amphibiens et autres micromammifères qui cohabitent localement avec lui. C'est aussi le cas du rhinocéros indien, un rhino doté d'une seule corne, contrairement à son cousin d'Afrique, et qui, après avoir frôlé la disparition dans son pays natal, a retrouvé une population stable, voire légèrement en croissance, grâce aux efforts remarquables de la nation indienne. Branféré compte quatre représentants de l'espèce : un mâle, Belur, Saar, une femelle, leur fille Sundara. Cette dernière a donné naissance à Branféré à un mâle, Sonaï, à l'issue d'une gestation de quinze mois. Toute cette petite famille de *Rhinoceros unicornis*, fascinante de par la masse de ses individus (une maman dépasse une tonne et demie) et sa beauté un peu primitive, joue un rôle essentiel pour attirer les visiteurs à Branféré et, de ce fait, financer une partie des projets de restauration de l'habitat des rhinocéros *in situ*, partout dans le monde, conduits par l'ONG Save the Rhinos.

Panda roux.

Jeune rhinocéros indien.

RÉINTRODUIRE DES ESPÈCES DANS LA NATURE

Branféré va quelquefois plus loin encore dans son travail de sauvegarde : depuis plusieurs décennies, le parc participe à réintroduire dans le milieu naturel des espèces qui y étaient menacées mais ne le sont plus, ou beaucoup moins. Ce n'est pas une nouveauté : voilà un demi-siècle que les parcs du monde entier ont participé à plus de deux cent soixante programmes, qui ont permis la réintroduction dans les écosystèmes de plus de cent cinquante espèces. Parmi ces dernières, citons le mythique cheval de Przewalski, l'une des rares races de chevaux sauvages – ou plus exactement *férales*, c'est-à-dire revenues à l'état sauvage après avoir été domestiquées. Ce petit cousin de notre familier *Equus caballus* (il mesure en moyenne un mètre trente au garrot), qui avait été décimé sur ses terres natives, les steppes de Mongolie, a fait l'objet, dans les années 1990, de programmes de reproduction en captivité puis de réintroduction qui ont permis de le revoir en ces paysages naturels.

Depuis longtemps, Branféré se réjouit de contribuer à cet effort de repeuplement *in situ* de certaines espèces. C'est le cas aussi de l'oryx algazelle, un délicat mammifère au pelage sable qui a longtemps été très courant en Afrique du Nord. Chassé à outrance, l'oryx a entièrement disparu à l'orée de l'an 2000. Depuis les années 1990, plusieurs représentants de l'espèce avaient été acheminés jusqu'à la Bretagne depuis d'autres parcs. Comme de coutume, les soigneurs de Branféré se sont montrés extrêmement attentifs pour que cette race, naturellement craintive, ne devienne jamais l'objet d'une domestication. Les soins et la nourriture lui sont prodigués dans des conditions garantissant que la diversité comportementale des oryx

Oryx algazelles.

reste entière, c'est-à-dire que chaque individu continue d'être capable de rechercher de la nourriture seul, de se protéger en cas d'alerte, etc. Il s'agit de leur donner la possibilité de survivre par leurs propres moyens quand ils seront réintroduits dans les écosystèmes.

La reproduction d'*Oryx dammah* fait, elle aussi, l'objet d'une attention particulière : les mâles et les femelles sont scrupuleusement observés, et, à l'aide de logiciels spécialisés, les individus jugés les plus aptes sont mis en condition de s'accoupler pour garantir une diversité génétique à l'espèce. Les échanges d'individus entre les parcs d'Europe recréent en outre, *via* la main de l'homme, une forme de dispersion des gènes qui a cours dans la nature.

Plusieurs dizaines d'individus ont ainsi vu le jour en Europe. Et, quand les conditions ont été réunies pour que leurs aires d'accueil naturelles, notamment la Tunisie et le Tchad, soient jugées suffisamment sécurisées pour l'espèce – il est bien sûr inutile de réintroduire des animaux dans la nature s'ils courent le danger d'être chassés et de s'éteindre en quelques années… –, des calendriers de réintroduction ont été programmés. Ils ont fonctionné au-delà des espérances, et l'oryx algazelle, qui n'était qu'un souvenir dans la tête des anciens d'Afrique du Nord, foule de nouveau leurs sols natifs.

Les contrées éloignées d'Europe ne sont pas les seules concernées par la disparition massive de ses espèces : le Vieux Continent, lui aussi, a commencé à œuvrer pour sauvegarder quelques animaux sauvages qu'une artificialisation galopante met en péril. C'est le cas, en France, de la cistude d'Europe, l'une des seules espèces de tortue qui barbotaient dans nos cours d'eau douce. La raréfaction des zones humides et la pollution avaient déjà dépeuplé ses

Cistude d'Europe.

rangs, mais l'arrivée massive d'une concurrente, la tortue de Floride, qui fut à la mode dans les foyers des années 1980 et que beaucoup, hélas, ont inconsidérément relâchées dans la nature, a failli lui porter le coup de grâce. Plus vorace et infiniment plus résistante aux maladies, la cousine américaine a en effet contribué à décimer la petite Européenne, au point de déclencher de la part de l'État français un Plan national d'action et de protection, auquel Branféré participe depuis les années 2010. Pourtant, la cistude est, au naturel, d'une solide constitution, puisque cette solitaire peut atteindre assez tranquillement les cent ans !

Mais voilà : elle compte parmi ces espèces de reptiles dont une infime partie (environ 1 %) parvient à l'âge adulte. Ses œufs sont en effet enterrés dans le sol par les femelles, dans des conditions de température et d'humidité pas forcément optimales pour que l'éclosion ait lieu. Et une fois nés, les petits « cistudons » constituent des mets de choix pour une multitude de prédateurs, notamment les oiseaux. Pour que les programmes de réintroduction aient des chances de toucher au but, donc de repeupler les écosystèmes en cistudes, Branféré a mis en œuvre une méthode qui garantit une espérance de (sur)vie bien supérieure.

Élevés dans la douce chaleur d'aquariums sous l'œil vigilant des soigneurs, les « cistudons » sont nourris de granulés, mais aussi de petits poissons et de vers de vase. Car il est essentiel qu'ils soient accoutumés le plus possible à la nourriture qu'ils trouveront par eux-mêmes dans la nature. Une fois qu'ils ont grandi, ils sont placés dans un milieu aquatique recouvert d'un large filet. Les passants sont quelquefois surpris par ce filet : les petites tortues seraient donc capables de s'échapper d'un bond si puissant qu'il faille les retenir ? Évidemment non ! Ce filet leur permet plus prosaïquement de ne pas finir dans l'estomac des oiseaux…

Dans cet environnement préservé, mais conforme à celui qu'ils auraient connu dans la nature, les jeunes cistudes apprennent progressivement à se débrouiller et à se nourrir seuls. Il faut une bonne dose de patience pour que cet apprentissage soit couronné de succès : pas moins de huit années sont nécessaires à les rendre suffisamment autonomes, donc aptes à une réintroduction réussie ! Munies de minuscules balises GPS qui permettent d'assurer leur suivi par satellite, une petite centaine de cistudes de Branféré ont été relâchées dans des espaces français : au lac du Bourget, en Savoie et dans les Vosges alsaciennes. On estime que 30 % des individus ont durablement survécu à ce retour à l'état sauvage. Cela semble peu ? C'est en réalité énorme comparé aux statistiques habituelles dans la nature !

Une autre magnifique espèce, présente à Branféré, a probablement réchappé à la disparition : l'okapi, un cousin de la girafe, sans grand cou mais doté d'un postérieur zébré, et qui ne se trouve à l'état naturel que dans un seul pays d'Afrique centrale, la République démocratique du Congo. Ce discret ruminant, aussi fragile que solitaire, est d'une nature farouche : il se tapit habituellement dans les profondeurs inaccessibles des forêts tropicales, ce pourquoi il a été l'un des derniers grands mammifères à avoir été découverts au XXe siècle.

Les okapis présents à Branféré s'appellent Thabo et Gus. Tous deux ont le même âge, mais Thabo est probablement le plus petit okapi d'Europe, quand Gus représente sans doute le plus volumineux. Ils n'ont pas été élevés ensemble, aussi chacun a-t-il connu une enfance très différente : Gus a été élevé en compagnie d'un autre okapi, a donc appris à jouer, à sociabiliser, tandis que Thabo a été élevé seul. Cela crée parfois quelques étincelles entre les deux, ce qui contraint le parc à les faire vivre séparément. L'okapi est têtu, les soignants de Branféré le savent : il n'est pas facile de faire entrer Gus dans son enclos quand il en a décidé autrement…

Gus et Thabo sont folivores, autrement dit, ils se nourrissent toute l'année de feuilles, qu'ils attrapent en tournant la langue, à l'instar des girafes. À Branféré, il existe de nombreuses espèces de feuilles comestibles dont ils raffolent. Elles sont acheminées jusqu'à eux par les soins du personnel chargé d'entretenir les espaces arborés. Mais que se passe-t-il en hiver, quand le froid dénude les arbres ? Le parc en a heureusement placé suffisamment au congélateur pour pouvoir continuer à les nourrir…

Okapi.

Pages 70-71 : Plongée dans la jungle de Branféré.

UN ÉCRIN BOTANIQUE

Le parc de Branféré offre aussi une place de choix à un ensemble exceptionnel de plantes, arbres et fleurs. À l'époque d'Hélène et Paul Jourde, déjà, c'est un joyau de botanique qui se déploie sur près de quarante-cinq hectares. Niché dans un relief bien particulier, les plis du sillon de Bretagne, le parc s'étend en effet sur un plateau ferrugineux d'une richesse exceptionnelle et intègre une vallée étroite à fond plat, traversée par un ruisseau et comprenant une zone humide.

Quand les Jourde s'y installent, dans les années 1930, ils trouvent un vaste bocage domestiqué depuis bien des siècles, un dense quadrillage de haies très anciennes aménagées par les paysans. Dès le XVIIIe siècle, des botanistes ont aménagé le parc en y implantant des essences rares, dont certaines subsistent de nos jours : araucarias du Chili, séquoias, pins laricio, camélias, azalées, rhododendrons, et un platane pleureur d'Orient âgé de plus de deux siècles et classé « arbre remarquable de France ».

Sur cette toile de fond, parsemée çà et là d'arbres que personne n'avait jamais songé à tailler, le couple va s'efforcer de mettre sur pied un assemblage extraordinaire de milieux qui compte une centaine d'espèces végétales.

Il y a d'abord le paysage historique de Branféré, celui de haie bocagère sur talus – un maillage formant en quelque sorte le squelette de l'ensemble, et qui s'avère naturellement propice à la biodiversité. En effet, cette dense végétation, typique de l'Ouest français et parcourue de chênes, de châtaigniers, de bouleaux, de noisetiers ou de hêtres bas, a la vertu d'abriter une multitude d'oiseaux, d'amphibiens et de petits mammifères autochtones. Ce refuge naturel, venu des siècles anciens, est précieux. Il y a ensuite les zones arborées, qui présentent une valeur esthétique exceptionnelle : ce sont des assortiments d'érables, de frênes, de peupliers noirs d'Italie, d'abies, de tulipiers, d'aubépines, d'ormes, conjugués, grâce aux talents cumulés de plusieurs générations de jardiniers, à une multitude de massifs de plantes ornementales. Au printemps, les immenses buissons de rhododendrons sont spectaculaires. Cet ensemble végétal a été enrichi par les Jourde, Hélène veillant au paysage naturel, et en particulier à l'insertion des bâtiments dans un cadre végétal. Elle a notamment conçu des abris pour animaux s'y intégrant parfaitement, la chaumière qui accueillait les visiteurs jusqu'au début des années 2000, et elle a imaginé des perspectives nouvelles ponctuées de plans d'eau et d'alignements d'arbres.

Mais le plaisir des yeux n'est pas tout : à Branféré, les arbres constituent aussi des abris pour la biodiversité, et quand ceux-ci sont endommagés ou morts, ils ne sont pas évacués du parc. Une politique de « troncs à terre » permet de faire de ces troncs morts des refuges remarquables, pour la petite faune, mais aussi les insectes, les champignons…

Le parc compte, en outre, une magnifique zone humide, riche en poissons et en insectes d'eau, et ornée d'une multitude de plantes aquatiques qui s'épanouissent formidablement dans ces eaux closes. Tout autour de cette zone se déploie la mégaphorbiaie, la prairie dense constituée de roseaux et de hautes plantes herbacées vivaces : les sureaux, les acanthes, les miscanthus, les arums... Périodiquement inondé, ce milieu humide qui tend à se couvrir d'arbres, fait figure d'intermédiaire idéal avec les trois types de prairies que compte le parc : la prairie fauchée, qui bénéficie depuis quelques années d'une politique de tonte tardive, permettant à toute une diversité végétale et entomologique de se maintenir et de croître longtemps ; la prairie pâturée, où évolue la proportion la plus importante des animaux ; enfin, la prairie humide.

Branféré, ce sont également des poignées d'hectares peu accessibles mais présentant un grand intérêt sur le plan environnemental, puisqu'ils sont laissés en jachère. La friche n'est pas un espace délaissé, piqué de « mauvaises » herbes et de ronces anarchiques. C'est une zone de libre pousse, où la terre se régénère, colonisée librement par d'innombrables espèces animales et végétales, recréant des petits écosystèmes débordant de vitalité. Lesquels permettent la pollinisation des plantes par les insectes.

Bien entendu, cette rhapsodie de paysages entremêlés nécessite une vigilance accrue, et des campagnes d'entretien méticuleux. Le service technique du parc est en relation étroite avec des paysagistes et pépiniéristes pour le choix des plantes. Sont ainsi sélectionnées de préférence des espèces adaptées aux conditions locales et non invasives. L'utilisation de pesticides ou d'insecticides est tout bonnement prohibée. Et trois cent cinquante arbres ont été plantés en seulement trois années.

C'est également dans cet esprit que Branféré adhère depuis 2013 à la démarche de certification internationale nommée Green Globe, qui compte pas moins de trois cent quarante et un indicateurs. En tant qu'acteur de l'écotourisme et des loisirs durables, défendant dès l'origine une vision d'harmonie entre les humains et les écosystèmes, le parc se doit en effet de viser l'excellence écologique, tout en intégrant les axes économique, social, environnemental et culturel dans ses processus de décision comme dans sa gouvernance. C'est une question de cohérence entre les messages de sensibilisation et les actes qui doivent, le plus possible, limiter l'impact environnemental des activités, produits et services rendus. Et, à sa mesure, contribuer à l'effort collectif pour limiter l'augmentation de la température globale de la Terre à +1,5 °C et réduire les impacts sur les neuf limites de la planète Terre (érosion de la biodiversité, acidification des océans, perturbation du cycle de l'eau douce...).

Un registre sert ainsi de référent pour mesurer les consommations en eau, électricité, gaz et fioul, ainsi que les émissions de gaz à effet de serre associées, par l'utilisation de la méthode officielle « Bilan Carbone ». Le parc a aussi installé des bornes de recharge pour

véhicules électriques sur le parking visiteurs et mis en place une ligne de transports publics par bus depuis la ville de Vannes. Il a aussi choisi la gestion la plus fine possible de l'eau, denrée précieuse qui se raréfie sur le territoire français. Son usage est limité aux pratiques les plus indispensables (consommation des plantes et des bêtes, hygiène des animaux, nettoyage des installations...), et des relevés de compteurs sont réalisés mensuellement pour détecter toute anomalie – notamment d'éventuelles fuites – qui gaspillerait la ressource.

Pour limiter l'alimentation en eau courante par forages dans les nappes souterraines, l'eau de pluie est dûment récoltée par les récupérateurs et utilisée dans certains bâtiments. L'eau issue des forages elle-même fait l'objet de la plus grande parcimonie : circulant dans les différents plans d'eau, elle est récupérée par des pompes en fin de circuit, afin de réduire au minimum les puisages souterrains.

Il y a l'eau puisée, mais il y a aussi l'eau rejetée, qui, à Branféré, donne lieu à d'ambitieux travaux. Les eaux usées issues des bâtiments ou des bassins des animaux sont ainsi traitées naturellement grâce aux prouesses de trois différentes zones de lagunage. Le premier lagunage, dit « à microphytes », permet d'éliminer les matières organiques polluantes (notamment les excréments des animaux) grâce à l'action de micro-organismes qui les grignotent littéralement et parviennent ainsi à les décomposer. Une partie de ces matières va se déposer au fond des bassins sous forme de boues, épurant ainsi l'eau progressivement. Le deuxième lagunage, dit « à macrophytes », est le fruit du patient travail d'une multitude de plantes aquatiques qui allègent l'eau de sa charge organique avant qu'un dernier lagunage soit opéré par l'espace marin. L'eau ainsi nettoyée dans trois bassins, sans aucun produit chimique, se trouve en partie réinjectée dans le parc grâce à une pompe, et en partie rejetée dans le milieu naturel, après une série de contrôles qualité précis.

Pavillon du restaurant, conçu par Patrick Bouchain et Loïc Julienne, architectes.

Les équipes de Branféré font preuve du même esprit de responsabilité en privilégiant une écoconception exemplaire des bâtiments construits sur le parc. Dès 2004, le bâtiment de l'accueil, élaboré par l'architecte Jean de Gastines, et celui de l'école, imaginé par Jean-Pierre Chouzenoux, ont pleinement intégré la démarche de haute qualité environnementale – du point de vue en particulier des matériaux, des consommations d'énergie, de la gestion de l'eau – avec en outre une forte attention portée à l'insertion dans le paysage naturel du parc. Dans le même esprit, la conception des bâtiments construits par les architectes Patrick Bouchain et Loïc Julienne[1], inaugurés en 2015 et 2016 (les quatre modules du restaurant, le bâtiment des rhinocéros indiens), a suivi une logique bioclimatique limitant les consommations d'énergie pour les besoins en chauffage, lumière et ventilation. Ces bâtiments, conçus exclusivement par de petites et moyennes entreprises locales, sont en bois (notamment en pin Douglas, non traité et imputrescible). La recherche d'harmonie visuelle entre les

[1] Ces bâtiments ont été réalisés en partenariat avec la Fondation Édouard et Geneviève Buffard, qui œuvre pour la protection de l'environnement et des animaux.

bâtiments et leur environnement est également centrale dans leur conception. Le bâtiment des okapis (2022) et celui de l'espace Chaco (2025), construits par l'architecte Benoît Morin, ont suivi les mêmes principes directeurs.

D'une manière générale, les énergies les plus propres sont privilégiées au parc, par le recours à une chaudière à granulés, à de l'énergie géothermique, à des pompes à chaleur, etc. L'approvisionnement en biens du parc, ainsi que de ses boutiques, répond aussi à des impératifs écologiques. Près des trois quarts (70 %) du fourrage donné aux animaux est produit en agriculture biologique, à Branféré même. Et autant qu'il est possible sont privilégiés les fournisseurs les plus respectueux du développement durable, c'est-à-dire écolabellisés ou issus du commerce équitable et de circuits courts pour l'ensemble des achats (produits alimentaires, fournitures, produits d'entretien, matériaux de construction…). Les tables de pique-nique, qui réjouissent tant les visiteurs, ont ainsi été fabriquées par une entreprise d'insertion, appartenant au secteur de l'Économie sociale et solidaire du territoire.

La consommation d'aliments sains, de saison et respectueux de l'environnement est clairement encouragée, puisqu'en 2021 plus de la moitié (55 %) des produits achetés étaient des produits frais, et presque un tiers (28 %) des denrées issues de l'agriculture biologique. Choix a été fait, enfin, de se fournir le plus souvent possible auprès de producteurs locaux, ce qui engage un cercle vertueux. Il s'agit de participer au développement de l'économie locale, mais aussi de réduire les émissions carbonées dues au transport des marchandises. Quant aux déchets, ils sont gérés dans le cadre d'une démarche de quantification et de réduction des volumes, mais aussi, quand cela est possible, de tri, de réutilisation et de recyclage. Par exemple, le parc a créé un point de tri et de collecte des déchets, et beaucoup sont compostés sur place. En somme, à Branféré, on ne se contente pas de magnifier la nature : on l'aide comme on le peut à se porter un peu moins mal !

Rhinocéros indiens : de gauche à droite, Sundara, Sonaï et Saar.

Page de droite : Bâtiments des rhinocéros et leur piscine, conçus par Patrick Bouchain et Loïc Julienne, architectes.

Page 78 : Groupe de maras et de wallabys, à l'ombre du platane pleureur et du séquoia.

Page 79 : Fougère arborescente *Dicksonia antartica*.

Page de gauche :
Tamarin pinché.

De haut en bas :
Saïmiri à tête noire.
Famille de siamangs.
Femelle hurleur noir.

Mouton d'Ouessant.

Page de droite :
Hydropote.

Ouette à tête grise
et manchots.

Page de droite : Girafe de
Rothschild et autruches.

Page de gauche :
Sitatunga, aussi appelé guib d'eau.

De haut en bas :
Mara.
Wallaby de Bennett.
Capybara.

De haut en bas :
Nandou et tapir.
Hippopotame pygmée
et pélicans blancs.
Cerfs de Duvaucel
et rhinocéros indien.

Page de droite :
Damalisques à front blanc
et zèbre de Grant.

Pages 90-91 : Yacks.

Page de gauche :
Chameaux.

De haut en bas :
Damalisque à front blanc.
Biches de Duvaucel.
Belur, le rhinocéros indien.

Page de gauche : Grues du Japon.

À gauche : Chiens de prairie.
À droite : Wallabys de Bennett.

De haut en bas :
Bernache à cou roux.
Goura de Victoria.
Ouette de l'Orénoque.

Page de droite :
Paon blanc.

Pages 98-99 : Animal et végétal, entre ombre et lumière.

De haut en bas :
Bernache du Canada.
Canard à ailes blanches.
Ibis de Ridgway.

Page de droite :
Marabout d'Afrique.

Page 102 : Casoar à casque.

Page 103, en haut à gauche : Grue à cou blanc.

En haut à droite : Cigogne blanche.

En bas à gauche : Grue du Japon.

En bas à droite : Grue couronnée grise.

Page de gauche :
Chouette de l'Oural.

Milan noir.

À gauche : Cygne noir.

À droite : Flamants roses.

À gauche : Cigogne noire et flamants du Chili.

À droite : Oies à tête barrée.

Pages 108-109 : Le végétal roi.

Page de gauche :
Phoque gris.

De haut en bas :
Loutres naines.
Manchots de Humboldt.
Tortues de Floride.

Pages 112-113 : Flamants rouges de Cuba.

De haut en bas :
Ara chloroptère.
Cigogne blanche.
Ibis rouge.

Page de droite : Milan noir.

Page 116, en haut à gauche : Paon.

En haut à droite : Autruche.

En bas à gauche : Grue antigone.

En bas à droite : Grue couronnée grise.

Page 117, en haut à gauche : Flamant rouge de Cuba.

En haut à droite : Marabout d'Afrique.

En bas à gauche : Ibis rouge.

En bas à droite : Grue de paradis.

Transmettre la connaissance du vivant

« Apprendre en se distrayant ». Tel était le mot d'ordre édicté par Paul Jourde, et il n'a rien perdu de sa pertinence. On pourrait même ajouter : apprendre en s'émerveillant. On dira plus tard, après la création de l'École pour la nature et l'homme, « un parc pour s'émerveiller, une école pour apprendre ». Car, à Branféré, depuis qu'il a été décidé d'accueillir le grand public au milieu des années 1960, la vocation du lieu est double. Bien sûr, il s'est toujours agi de célébrer la magie de la nature en immergeant les visiteurs dans l'expérience offerte aux sens. Les Jourde ont souhaité que tout un chacun ne puisse qu'être touché, bouleversé par la beauté miraculeuse et l'harmonie du lieu. Branféré est d'abord un tableau vivant, dans lequel se croisent une vision d'artiste et une conscience naturaliste.

Pages 118-119 : Enfants en stage à l'École de la nature.

Page de gauche : Sous les frondaisons du parc, la structure bocagère d'origine.

Les hôtes de Branféré se savent aujourd'hui encore privilégiés d'entrer en rencontre avec la diversité inouïe des formes de la vie naturelle. Cet émerveillement a aussi une vertu. Dès l'origine, l'apprentissage et la transmission font partie des missions de Branféré et se révèlent indissociables de la première. L'intuition des Jourde reposait précisément sur une conviction que rien, depuis, n'a démentie : c'est l'harmonie du parc, la poésie qui s'en dégage, la diversité des espèces, leur beauté et leur comportement à la fois lointains et familiers qui donneront au visiteur l'envie de mieux connaître les mécanismes secrets de la nature – nous dirions aujourd'hui : les ressorts de la biodiversité et ceux, complexes, qui président à la création et au maintien des écosystèmes vivants.

Dès 1968, trois ans seulement après l'ouverture du parc, la maison du Chapelain (à l'époque nommée maison de la Recherche), une dépendance du château édifiée au début du XVIIe siècle, est dédiée à des expositions publiques. La première s'intitule « Faune et flore exotiques », et les visiteurs peuvent y admirer les tableaux de la maîtresse des lieux, Hélène. Ce nouvel espace affiche dès le départ une vocation tant scientifique qu'artistique et culturelle. Car si les Jourde ont minutieusement fait restaurer les vieilles pierres de cette maison de style Louis XIII, occupée jusqu'à la Révolution par les chapelains, c'est aussi pour y abriter des conférences et des projections de documentaires filmés à caractère pédagogique. En 1965, le premier film présenté au public est consacré à la faune et la flore nord-américaines. L'année suivante, le choix se porte

Soigneuse et makis cattas.

sur une projection qui rend hommage à Jean-Jacques Audubon, ce Français qui émigra aux États-Unis au début du XIXe siècle et apporta la science ornithologique sur les terres du Nouveau Monde. Et en 1968 déjà, la maison du Chapelain consacre ses étages supérieurs aux scientifiques et savants des quatre coins du monde – des zoologues surtout – qui se rendent à Branféré principalement pour se livrer à des études sur la psychologie et l'éthologie animales.

Au gré des saisons, ils trouvent, grâce à la faune évoluant en liberté dans les allées du parc, des éléments d'observation éthologiques (liées au comportement animal) d'une grande richesse, dans d'excellentes conditions d'accessibilité. Jouissant d'une véritable autonomie, menant une existence la plus conforme possible à celle qu'ils trouveraient dans le milieu naturel, les animaux de Branféré livrent de précieux renseignements à leurs yeux aiguisés.

Le parc a eu ainsi l'honneur de recevoir quelques sommités de la science zoologique, tels l'Alsacien Alfred Schierer, qui a consacré sa vie à l'étude des célèbres cigognes de sa région, le pharmacien et botaniste Jean-Marie Pelt, auteur d'une soixantaine d'ouvrages notamment consacrés au règne végétal – dont de nombreux best-sellers –, ou encore Robert-Daniel Etchécopar, explorateur et éminent ornithologue français, spécialiste des oiseaux migrateurs (sa femme Dorota et lui sont des habitués du parc).

Rencontrer des spécialistes dans tous les domaines captive Paul et Hélène Jourde, qui ont accueilli durant quelques jours le vétérinaire néo-zélandais Colin Murdoch, inventeur du fusil hypodermique (destiné à endormir les animaux pour les soigner sans se mettre en danger). Avec lui, ils auront des discussions passionnées sur les bienfaits de plonger les bêtes dans les bras de Morphée et de leur épargner ainsi le stress terrible que provoquent les méthodes anciennes, avec recours aux filets. Les Jourde ont aussi le plaisir d'échanger dans les années 1980 avec les équipes chargées de mettre au point le radeau des cimes, ce dispositif ingénieux consistant en une plateforme légère, déposée à l'aide d'un dirigeable sur les cimes de la canopée, la partie supérieure de la forêt équatoriale, et qui devient le lieu de vie et

Soigneur et okapi.

Pages 124-125 : Doux cheminement en zone humide préservée.

de travail d'équipes de chercheurs. Ce radeau a permis aux naturalistes, entomologistes et botanistes du monde entier d'observer la biodiversité tropicale d'une manière non intrusive.

Certains invités du parc débarquent de plus loin encore, d'Inde par exemple, comme le prince Ranjitsinh Jhala, surnommé « l'homme guépard ». Ce membre de la famille royale de la péninsule du Saurashtra (dans l'extrême ouest de l'Inde) a passé son existence à défendre et préserver la vie sauvage dans son pays, et en particulier les fauves. D'Inde, toujours, est venu à Branféré le célèbre Salim Ali, ornithologue et pionnier de cette science au sein du sous-continent.

Tous ces hôtes de marque sont installés dans le logement que les Jourde ont fait aménager avec goût dans la partie supérieure de la maison du Chapelain. Rappelons que cette maison a notamment accueilli un invité prestigieux, géant de la pensée zoologique : le biologiste autrichien Konrad Lorenz, récipiendaire du prix Nobel de physiologie ou médecine en 1973. Lorenz est devenu immensément célèbre pour avoir rendu publiques ses études sur les oies cendrées. Ses travaux ont popularisé le singulier comportement de certains oiseaux, consistant à prendre pour son parent la première personne qu'ils aperçoivent en sortant de l'œuf.

Par son travail acharné, Lorenz a contribué (avec Nikolaas Tinbergen et le spécialiste des abeilles Karl von Frisch) à donner naissance à une science nouvelle, une branche de la biologie, l'éthologie[1]. Son assistante, Helga Fischer, spécialiste des oies, s'installera à Branféré durant plusieurs mois, et l'affection que Konrad Lorenz portait au parc et à ses fondateurs restera profonde : en 1972, alors que Branféré est menacé dans son existence même pour des raisons fiscales (voir p. 45), le grand homme prend sa plume et se livre à un plaidoyer public pour défendre le lieu : « Ce serait une perte irrémédiable pour la science autant que pour l'éducation du public si cette merveilleuse institution, le parc zoologique de Branféré, était empêchée de continuer son excellent travail. Sa grande renommée dans le monde entier ferait regretter aux scientifiques de nombreux pays sa disparition, tandis que la France elle-même perdrait un véritable trésor », écrit-il. Son intervention fut décisive pour sauver le parc de la fermeture.

[1] Konrad Lorenz, Nikolaas Tinbergen et Karl von Frisch ont reçu conjointement le prix Nobel en 1973 pour leurs travaux sur le comportement animal.

DES RECHERCHES DE TERRAIN

De fait, la pratique éthologique est intimement liée à l'histoire de Branféré. Ce souhait de se pencher sur les particularités comportementales de telle ou telle espèce, de les étudier dans leur intime complexité afin de garantir leur bien-être, se trouve au cœur des priorités qui ont habité les concepteurs du parc avant même son ouverture au public. Et ce n'est pas un hasard si, dès le milieu des années 1970, Gérard Dubost, chercheur zoologue au Muséum national d'histoire naturelle, y observe pour la première fois le comportement social des maras. Ces grands rongeurs bruns, longs de soixante-dix centimètres et endémiques de la Patagonie, ressemblent un peu à des lièvres dotés d'oreilles courtes, bien qu'ils appartiennent à la famille des cavidés – autrement dit, qu'ils soient les cousins des cobayes. Gérard Dubost a laissé un témoignage sur la qualité de l'acclimatation des maras de Branféré. « La réussite spectaculaire sous nos climats de ces rongeurs originaires des pampas d'Argentine est due en particulier aux conditions écologiques exceptionnelles que les animaux ont rencontrées à Branféré. »

Si les maras intéressent tant les éthologues, c'est parce qu'ils présentent la particularité d'être monogames toute leur vie – un trait rare chez les mammifères – et qu'ils ont développé une sociabilité particulièrement sophistiquée : ils peuvent en effet se rassembler par groupes de dix à trente individus, communiquant entre eux au moyen de sons gutturaux et de sifflements stridents qui leur permettent notamment de s'avertir de dangers avec une grande efficacité. Autre singularité : ils logent dans des terriers collectifs qui peuvent faire jusqu'à dix mètres de profondeur, où les femelles s'occupent des petits à tour de rôle, secondées par les mâles. Les observations de Gérard Dubost à Branféré ont permis quelques belles avancées dans la connaissance mondiale de l'éthologie des mammifères, puisque, outre les maras, il a aussi travaillé sur les cerfs hydropotes du parc. En hommage à son travail, la profession a donné son nom à une nouvelle espèce de rongeurs sud-américains découverte au début des années 2000 : *Neacomys dubosti* !

L'action menée par les Jourde dans le domaine de la recherche scientifique a été poursuivie par la Fondation de France, qui s'est efforcée de l'approfondir et de la diversifier. Ainsi, dès le début des années 1990, a-t-elle mis en place un comité scientifique d'orientation[2]. Régulièrement, le parc prête son concours à des projets d'études et des recherches sollicités par les universités et les centres scientifiques. Par exemple, chaque fois qu'un singe doit recevoir une anesthésie, une radio de ses membres est pratiquée, qui servira à alimenter une enquête conduite par un chercheur en anatomie du Muséum national d'histoire naturelle spécialisé dans la locomotion des primates. Le corps d'un singe hurleur, mort de vieillesse, a éveillé la curiosité d'un chercheur du service de génétique, génomique et procréation du centre hospitalo-universitaire de Grenoble : l'homme de science avait notamment besoin de

[2] Composé de Jean Dorst, François Letourneux, Philippe Taquet, Jean-Marie Pelt, Jacques Daguzan, Paul Trehen, Raymond Poignant, Jean Rinjard.

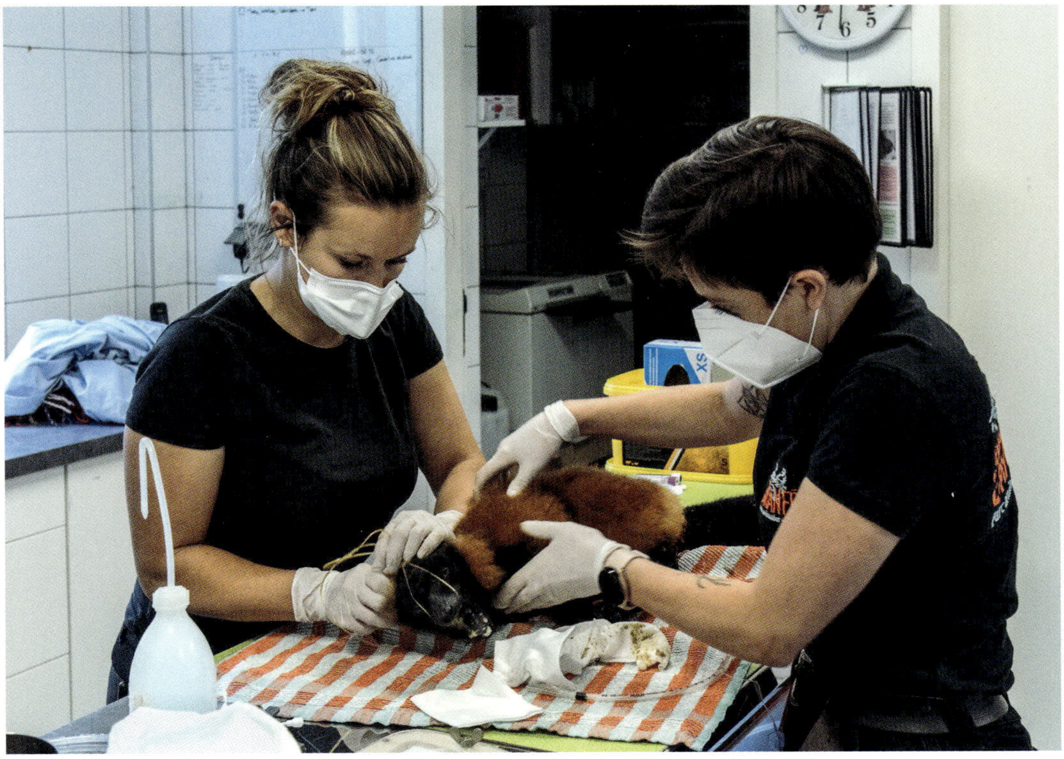

Intervention sur un vari roux.

Pages 128-129 : Volière de recherche scientifique pour oiseaux aquatiques (partenariat avec le Muséum national d'histoire naturelle).

mieux connaître l'anatomie testiculaire de ce primate – le testicule a donc été prélevé dans des conditions strictement encadrées par un savant protocole.

D'une manière générale, dès qu'un prélèvement de plasma sanguin, de tissu organique ou plus simplement de poil est effectué, parce qu'un animal est malade, blessé ou plus généralement parce qu'il doit être soumis à un examen de contrôle, ces données sont mises à la disposition de la Biobank de l'EAZA, afin d'affiner les connaissances des espèces en matière d'étiologie (science des causes des maladies), mais aussi de taux de mortalité à tel ou tel agent pathogène, à l'efficacité de tel ou tel vaccin à tel ou tel dosage, etc.

Ces données ne servent pas simplement à nourrir une connaissance générale des espèces : elles s'avéreront utiles en cas de campagne de vaccination d'ampleur pour faire face à une épidémie, par exemple. Branféré et ses pensionnaires peuvent se targuer de jouer un rôle d'avant-garde et de contribuer à sauver leurs congénères.

C'est aussi au parc qu'a été perfectionnée la science des balises géolocalisées destinées à être placées sur des canards sauvages. Ces balises GPS permettent de recueillir des données démographiques sur ces populations de palmipèdes migrateurs et de retracer le plus minutieusement possible leurs déplacements, affectés de plus en plus par le dérèglement climatique. Nul n'ignore combien la technologie GPS est sophistiquée, mais qui songe aux difficultés que représente l'installation du petit harnais porteur de cette technologie ? C'est parce qu'il était aux prises avec une multitude d'incidents que l'Office français pour la biodiversité (OFB) a fait appel à Branféré en 2021.

La commande était la suivante : tester la mise en place des balises sur des canards du parc évoluant dans un milieu où l'expérimentation serait plus aisée et les erreurs sans conséquences négatives. Car les dispositifs géolocalisés placés sur des individus en milieu naturel avaient tendance à se détacher et à se perdre dans la nature – ou, parfois, ils blessaient légèrement les animaux. Autre mauvaise surprise : les batteries de balises, alimentées par de petits panneaux

photovoltaïques capables de capter et convertir l'énergie lumineuse du soleil, se déchargeaient très souvent et, par conséquent, cessaient d'émettre. Les tests conduits à Branféré ont confirmé l'hypothèse des équipes : placer ces panneaux sous les ailes des canards n'était pas une idée judicieuse, car quand celles-ci sont repliées dans une certaine position, elles ne laissent presque plus passer la lumière du jour ! La solidité des harnais a pu aussi être testée et adaptée.

Les savants ont compris leur intérêt de se rendre à Branféré pour se livrer à un exercice extrêmement délicat, pour ne pas dire impossible, dans la nature : enregistrer des mouvements d'oiseaux et coupler ces enregistrements à des observations comportementales. En effet, il ne suffit pas de poser un accéléromètre – petit engin capable d'enregistrer le mouvement, la vitesse et la position GPS – sur une population de cigognes blanches pour obtenir des informations pertinentes sur ces grandes migratrices. En réalité, ces données ne sont utilisables que si on les met en rapport avec un examen du comportement de l'animal. Sinon, elles ne constituent qu'un stock de données brutes difficiles à exploiter. Avec les cigognes du parc, des chercheurs de BioSphère Environnement et de l'Association pour la connaissance et la recherche ornithologique en Loire-Atlantique (Acrola) ont pu mesurer et interpréter les données récoltées, un enseignement précieux pour la connaissance de ces oiseaux.

Par la complexité même de ses recherches, la science fait parfois œuvre, involontairement, de poésie. Et Branféré a pu se targuer de participer à certains projets que n'aurait pas désavoués Jacques Prévert. Ainsi, une équipe pluridisciplinaire réunie autour d'un doctorant du Muséum national d'histoire naturelle avait besoin de recueillir les données comportementales des populations de manchots de Humboldt, des palmipèdes à tête noire qui élisent domicile sur les côtes pacifiques du Chili et du Pérou. Problème : les manchots de Humboldt vivent au sein de colonies regroupant plusieurs dizaines de milliers d'individus. Or, pour un œil humain, même fort exercé, rien ne ressemble davantage à un manchot de Humboldt qu'un autre manchot de Humboldt ! Comment distinguer des singularités entre quarante ou cinquante mille individus qui, à longueur d'année, se déplacent, mangent, dorment et se reproduisent ensemble ?

Un élément peut aider l'observateur : chaque oiseau a sur le ventre une tache blanche d'une disposition unique. Mais ces différences sont peu discernables par le regard humain, et, pour compliquer encore la besogne, ces taches se modifient légèrement avec le temps au fur et à mesure des mues ! Ce casse-tête sud-américain était insoluble, jusqu'à l'arrivée de l'intelligence artificielle. La capacité des logiciels d'IA à engranger et à combiner les données même les plus complexes a permis de relever le défi. Mais, avant de tester la reconnaissance artificielle dans un environnement naturel plus ou moins praticable, les chercheurs sont passés par Branféré afin de permettre au logiciel d'apprendre à distinguer les taches ventrales sur une colonie plus petite, et dont l'accès est facile.

Ces expériences d'observations savantes, notamment sur les populations d'oiseaux, sont amenées à prendre de l'ampleur dans les années qui viennent. Branféré a en effet fait construire en 2024 une volière scientifique d'une superficie dépassant les deux mille mètres carrés, un dispositif sans équivalent dans les parcs animaliers français. Dans cette zone humide naturelle, les oiseaux aquatiques, évoluant dans des conditions très proches de celles qu'ils connaîtraient dans la nature, nourrissent la connaissance des comportements et des évolutions physiologiques sur le long terme. Le Muséum national d'histoire naturelle a mis en place un partenariat de plusieurs années entre deux de ses équipes et le parc, consacré aux oiseaux limicoles. Ces petits échassiers au long bec comptent une centaine d'espèces dans le monde, dont quelques-unes sont dûment représentées à Branféré : l'avocette, l'échasse, l'huîtrier...

Tous ces oiseaux évoluent dans les zones humides, les marécages, sur les rivages du globe et ont la particularité de se nourrir d'invertébrés qu'ils piochent dans les profondeurs de la vase avec leur bec (l'épithète « limicole » provient du latin *limus*, « boue »). La singularité, passionnante pour la recherche, est que les limicoles appartiennent tous à la même famille, mais qu'ils sont dotés de becs aux formes différentes, et surtout que, au cours de leur évolution, ils ont mis en œuvre des stratégies de vie, d'alimentation et de reproduction propres à chacun. Ces stratégies ont été répertoriées par les protocoles scientifiques, mais elles évoluent en raison des bouleversements immenses que connaissent leurs milieux naturels du fait de l'activité humaine et du dérèglement climatique (notamment la montée des eaux), etc.

Comment les différentes espèces de limicoles sauront-elles s'adapter à ces évolutions brutales des milieux, alors que, avant l'Anthropocène (c'est-à-dire avant notre ère géologique caractérisée par les changements liés à l'activité humaine), ceux-ci s'étalaient sur plusieurs siècles, voire plusieurs millénaires ? C'est pour répondre à cette épineuse question que les équipes du Muséum viennent observer les échassiers de Branféré. Elles peuvent scruter de près les différentes étapes de l'existence des individus, depuis l'éclosion jusqu'à l'âge adulte. Comment chaque espèce – et même chaque individu à l'intérieur d'une espèce – se montre-t-elle capable de faire preuve de ce que les scientifiques nomment la « plasticité comportementale », autrement dit la faculté à s'adapter aux contraintes du milieu ? Mesurer cette plasticité chez l'avocette, l'échasse ou l'huîtrier consiste précisément à prédire leur capacité à surmonter, dans la nature, les épreuves liées au changement climatique à plus ou moins longue échéance.

Pendant longtemps, les savants ont jugé que les animaux ne réagissaient que de manière stéréotypée, en vertu des instincts propres à chaque espèce. Ils savent aujourd'hui que, comme nous humains, chaque bête est dotée d'un tempérament, d'un caractère propre. Or cette « personnalité » n'influence pas seulement son parcours à l'intérieur de la communauté

Tapirs terrestres.

de ses congénères : elle pourrait permettre, face aux changements environnementaux, de parvenir à mieux survivre ou, au contraire, les faire succomber irrémédiablement. Cette survie est-elle le fait de la résilience propre à telle espèce, ou bien à tel ou tel individu, plus capable que les autres de s'adapter ?

À Branféré, les chercheurs du Muséum national d'histoire naturelle élaborent des pistes de réponses à ces questions. Chez l'avocette, un oiseau limicole parcouru de rayures noires, le bec est large et droit chez les petits, avant de s'allonger et de se recourber vers le haut à l'âge adulte. On connaît mal les modalités de cette modification corporelle. Survient-elle chez tous les individus, même lorsque l'alimentation n'est pas identique à celle du milieu naturel ? Les réponses permettent de mieux appréhender cette espèce.

Le volatile qui occupera des chercheurs de l'Université Sorbonne Paris Nord est un petit canard brun nommé « sarcelle marbrée » (ou marmaronette marbrée). Comme elle est classée parmi les espèces « vulnérables » par l'UICN, il est essentiel de savoir si ses représentants sont capables de s'adapter face à des situations qui réclament de la plasticité. Car une réintroduction dans la nature nécessite des qualités objectives (la force, le caractère marqué, etc.). Les experts examineront donc à la loupe les différentes « personnalités » des individus composant la communauté des sarcelles de Branféré – et testeront différents scénarios de réintroduction *in situ*.

Cela permettra de trancher s'il le faut, pour assurer un taux de survie optimal aux sarcelles réintroduites, de panacher les profils d'une manière homogène (autant d'individus « timides » que de « courageux ») ou bien laisser une plus grande proportion aux « courageux ». Et cela répondra peut-être à la question : les tempéraments des individus sont-ils héréditaires ? Des questions ornithologiques qui, si elles trouvent des réponses probantes grâce aux tests conduits à Branféré, élargiront la compréhension du fonctionnement social et individuel non seulement de la sarcelle, mais aussi des autres oiseaux.

Aras bleu et jaune.

DESSINE-MOI UNE ÉCOLE

Bien entendu, cette mission de développer la connaissance s'inscrit aujourd'hui dans un contexte très différent de celui que les Jourde ont connu au lancement du parc. La prise de conscience que cette beauté, cette harmonie faunistique et végétale sont désormais en péril a tout changé : transmettre les connaissances ne consiste plus seulement à éveiller les curiosités et renforcer le goût pour la nature. En ce début de XXIe siècle, il est nécessaire et même urgent que ce savoir se conjugue à un engagement puissant en faveur de la sauvegarde des écosystèmes et de la biodiversité. À Branféré, on vient, en somme, découvrir, aimer et comprendre pour réconcilier l'homme à son environnement.

C'est le rôle de l'École de la nature, un lieu unique en France, implanté au sein d'un parc animalier et botanique. Le projet naît grâce à l'implication de la Fondation Nicolas-Hulot. À la fin des années 1990, l'animateur de télévision est une personnalité populaire. Pour enraciner l'idée que la biodiversité est un joyau qu'il faut mieux connaître afin de mieux le sauvegarder, notamment auprès des jeunes générations, l'animateur mûrit l'idée d'une école, et il est à la recherche d'un lieu qui pourrait porter cette ambition pionnière. Branféré, qui reçoit des classes vertes depuis de nombreuses années, est vite choisi. Ce choix n'a pas résulté seulement des liens existants entre la Fondation Nicolas-Hulot et la Fondation de France, mais plus fondamentalement de l'attachement profond au respect du vivant qui règne à Branféré, exprimé par la beauté harmonieuse des lieux et les animaux en liberté.

Dans le cadre d'un partenariat avec la communauté de communes du pays de Muzillac, des travaux ont été engagés dans une partie du parc pour accueillir ce projet. Des bâtiments sont édifiés, avec le souci de s'inscrire dans le paysage naturel. Ces espaces peuvent héberger une petite centaine d'enfants au départ – cent quatre-vingts aujourd'hui – durant des séjours de deux jours à une semaine, mais aussi d'accueillir des colonies de vacances.

L'École de la nature n'est pas une école au sens classique du terme, mais ses programmes, axés sur l'éducation à l'environnement, sur la découverte du fonctionnement du climat, des écosystèmes et de la biodiversité, sont élaborés à la carte avec les enseignants qui les inscrivent dans leurs projets de classe. Les sessions se déroulent chaque fois selon un protocole pensé pour éveiller la curiosité, susciter l'intérêt des enfants et, bien sûr, leur engagement. Quel est l'état de la planète ? Quel est l'impact de l'activité humaine ? Comment devenir acteur de la transition et protéger la planète ? Quels sont les obstacles, les freins à surmonter, y compris dans la vie de tous les jours des enfants, pour changer les choses ?

À l'École de la nature, il ne s'agit pas d'assener des solutions toutes faites, mais bien de participer à transformer les quinze mille enfants reçus chaque année en futurs citoyens. En les immergeant dès le lever du soleil dans un parc palpitant de vie, où ils ont passé la nuit, en allant à la rencontre des animaux, l'école favorise le dialogue, provoque des débats, laisse libre cours aux questionnements, mais aussi aux doutes et aux idées de chacun. Tout l'enjeu est de faire comprendre que la faculté de s'interroger, d'imaginer des solutions, de mettre en œuvre l'esprit critique, constitue le meilleur fondement pour construire demain.

Les enfants sont ainsi amenés à simuler la réunion d'un conseil d'administration qui se pencherait sur divers plans de développement pour Branféré. Par exemple, faut-il y amener des nouveaux pensionnaires, type grands singes, comme des gorilles ou des orangs-outans ? Y seraient-ils heureux ? Comment être sûr de ne jamais participer à un trafic d'espèces ? Comment assurer aux boutiques du parc un approvisionnement en marchandises respectueux du développement durable ? À l'École de la nature, on est aussi amené à examiner sa propre consommation alimentaire du sol à l'assiette, à se pencher sur l'omniprésence dans nos existences des smartphones et des écrans, sur l'influence de la mode et de la publicité dans nos choix, sur nos modalités de transport… Cela permet aux jeunes générations d'être davantage en capacité d'assembler les

À gauche : Cinquantième anniversaire de l'ouverture au public du parc de Branféré, septembre 2016 : Nicolas Hulot et des personnalités engagées dans la préservation de la biodiversité, en particulier la conservation *in situ :* de gauche à droite, Chanee, Séverine Berthet Blanchet, Jean-Michel Krief, Sabrina Krief, Sébastien Galy.

À droite : Makis cattas découvrant la toute nouvelle École pour la nature et l'homme (ENH), 2004.

À gauche : À la découverte du parc.

À droite : À la ferme pédagogique, avec des chèvres naines.

pièces du puzzle sans tomber dans l'éco-anxiété. Il s'agit aussi, pour les petits Français, de rencontrer des acteurs du changement, telle Sabrina Krief, primatologue et professeure au Muséum national d'histoire naturelle, grande spécialiste des singes d'Afrique subsaharienne. Ou de nouer un lien avec des enfants d'autres continents, d'autres civilisations. Des visioconférences permettent des discussions avec des classes de Madagascar ou d'Indonésie, qui sont l'occasion d'échanger sur une vision commune (ou pas) du monde, de fabriquer et de s'envoyer des vidéos pédagogiques. Il est encore possible de poser des questions à Chanee, un Français, fondateur de Kalaweit, association de protection de la biodiversité indonésienne…

Séjourner au cœur du parc animalier donne naturellement à ces sessions une saveur particulière. Car les discours sur les écosystèmes et le bien-être animal se muent en une matière vivante, en une leçon de choses qui affecte la sensibilité autant que l'intelligence. Les enfants volontaires qui aident à nourrir les bêtes ont aussi la possibilité – c'est au programme de l'école – de devenir des médiateurs pour le public de telle ou telle espèce, ou bien de faire passer des messages de sensibilisation plus larges, sous forme de pièces de théâtre, par exemple, ou en allant démarcher les visiteurs du parc en faveur de telle ou telle ONG. Cet engagement concret, cette pratique qui réclame de l'investissement et de l'imagination contribuent à donner une nouvelle dimension aux questions qui ont été abordées sur le plan théorique. Défendre la cause des animaux en péril dans un parc qui palpite de vie animale, cela enracine tout différemment.

À Branféré, les enfants n'évoluent pas seulement dans un environnement exotique : les équipes de l'École de la nature s'efforcent de relier les écosystèmes lointains et locaux, qui participent également à la diversité terrestre. Ainsi, des visites sont organisées à la ferme pédagogique de Branféré[3] pour y caresser un âne, regarder un mouton paître, une poule pondre, observer les abeilles dans les ruches. Des randonnées font aussi partie du programme pour

[3] Cette ferme a été réalisée en partenariat avec la Fondation Pierre et Adrienne Sommer, qui agit en faveur de la médiation animale.

s'immerger dans la forêt et les prairies bretonnes, comprendre le rôle écologique des haies, et constater surtout que le dérèglement climatique affecte autant la végétation de l'ouest de la France, soumise à un stress hydrique inédit, et la « petite faune » de proximité (hérissons, limaces…), que les banquises ou savanes éloignées.

L'ambition de Branféré est également d'exporter cette pédagogie hors de France : un programme initié par la Fondation de France a ainsi pour ambition de former les professeurs des écoles de Tunisie travaillant dans quelques zones où la biodiversité est protégée. Il s'agit de leur donner des clés pour mieux transmettre à leurs élèves l'importance de la faune sauvage locale – qui est, comme la faune sauvage de France auprès des petits Français, bien mal connue. Faire mieux connaître aux jeunes générations les oryx algazelles, par exemple, que Branféré a contribué à sa mesure à réintroduire *in situ* en Tunisie, c'est aider à les faire aimer, donc, à terme, à mieux protéger leur développement. « On respecte et on protège ce que l'on connaît », affirmait déjà, à juste titre, Paul Jourde.

Enfin, l'École de la nature, c'est une offre de formation, diplômante celle-là, proposée aux adultes souhaitant dédier leur temps professionnel à la pédagogie environnementale. Il s'agit également de former des salariés volontaires aux approches de responsabilité socio-environnementale (RSE) en entreprise. Une offre qui s'appuie, là encore, sur la même approche pédagogique : mettre en situation les premiers concernés au sein du parc, et rappeler que c'est une démarche non moralisatrice, qui s'appuie d'abord sur des cas concrets. Par exemple, observer et analyser les infrastructures de Branféré dédiées aux énergies alternatives et à l'économie de l'eau. Dans tous les cas, est encouragée la prise de conscience de l'urgence à faire passer les bons messages, grâce à une pédagogie adaptée. Les diplômés de Branféré pourront, par leur engagement dans la société, devenir, en un XXIe siècle plein d'incertitudes, des ambassadeurs de ce qui fut le grand rêve d'Hélène et de Paul Jourde.

Urubus à tête noire
et cigogne d'Abdim.

Page de droite :
Rencontres de Branféré ;
le Théâtre Cabine.

Pages 138-139 :
Manchots de Humboldt.

CONCLUSION

Le domaine des Jourde, qui fut longtemps la propriété privée d'une famille avant de s'ouvrir au grand public, peut-il affronter les vastes défis qui l'attendent en ce siècle commençant ? Présente-t-il des facultés de résilience et d'adaptabilité à la hauteur des besoins, ce dont d'immenses structures peuvent se prévaloir ?

Cela ne fait aucun doute.

Gageons que ce sont précisément sa taille humaine, son authenticité et son histoire qui constituent ses meilleurs atouts pour toucher au cœur un public de plus en plus nombreux, de plus en plus cosmopolite. L'époque n'est plus au gigantisme ni aux démonstrations de puissance standardisées faisant figure de passages obligés dans l'univers des loisirs. Or Branféré a bien autre chose à offrir à ses visiteurs que des stéréotypes : il offre une mission.

Cette mission était déjà celle de ses fondateurs : elle consiste d'abord à mieux regarder ce qui nous environne, nous humains, à mieux sentir le frôlement de la vie autour de nous, à prendre enfin conscience du privilège de faire partie d'un univers aussi riche et diversifié – un univers que nous croyons bien connaître, mais dont nous ignorons en réalité les neuf dixièmes. Elle consiste ensuite à diffuser ce message auprès d'un public qui n'y est pas forcément sensibilisé.

Ombre et lumière, château de Branféré.

Pages 142-143 : Paon blanc.

Grands voyageurs du monde, esthètes, Paul et Hélène Jourde ont désiré entrer en communion avec l'âme scintillante du vivant. En ouvrant Branféré aux familles, ils sont parvenus à offrir un peu de cette magnificence à ceux qui n'avaient pas la chance, comme eux, de voyager. Mais, dès le départ, ils nous ont prévenus : cette beauté riche et exubérante se caractérise aussi par son infinie fragilité. Ce que nous regardons mieux et comprenons un peu moins mal, nous nous devons de le protéger. Cette prise de conscience doit surgir au plus tôt dans la vie.

TRANSMETTRE LA CONNAISSANCE DU VIVANT

Cette mission de conservation, préservation, éducation et recherche, cette volonté de transmettre, la Fondation de France en a hérité en 1989, à la disparition des fondateurs, et elle continue aujourd'hui d'habiter chacun de ses choix, chacune de ses décisions, plus vivante que jamais. Elle est là, dans la beauté tranquille des allées ombragées, dans le parfum s'élevant d'une plaine fraîchement fauchée, dans le regard profond d'un oiseau, dans le geste vif d'un singe en liberté. Tout Branféré n'est qu'appel vibrant à nos sens et à nos intelligences.

Écoutons ce que le parc nous murmure. Il nous dit : enchantons-nous, apprenons et engageons-nous. Il est plus que temps que l'homme se réconcilie avec le monde du vivant.